Beltz Taschenbuch 910

Über dieses Buch:
Kinder wollen sich bewegen! Nutzen Sie das Bewegungsbedürfnis Ihres Kindes, um auf spielerische Weise Körpergefühl und Körpererfahrung zu entwickeln und zu fördern.
In Fredrik Vahles Bewegungsliederbuch finden Sie vielfältige Anregungen, Lieder und Spielideen: vom Recken, Strecken und Klatschen bis hin zu Rhythmus-, Gleichgewichts-, Entspannungs- und Beweglichkeitsübungen, teilweise in Anlehnung an die Feldenkrais-Methode.
Der Wechsel von Texten, Noten und Bewegungsübungen, genaue Anleitungen und bewegungskundliche Überlegungen machen das Buch abwechslungsreich, anschaulich und gut lesbar. Die zum Teil ungewöhnlichen Texte und Geschichten fordern die Kinder zum Nachdenken auf und verbinden geistige mit körperlicher Aktivität. Zeichnungen illustrieren die Bewegungsabläufe.
Alle Lieder und Bewegungsübungen lassen sich problemlos und schnell umsetzen: ein unentbehrliches kleines Handbuch für Familien, Schulen, Kindergruppen und alle Bewegungsinteressierten.

Der Autor:
Dr. phil. habil. Fredrik Vahle, geboren 1942, ist Liedermacher, Schriftsteller und Privatdozent. Er unternahm viele Reisen, schrieb Kinderbücher – von denen viele im Beltz Verlag erschienen sind –, doch seine Hauptbeschäftigung liegt in der Kreation von Kinderliedern. In den letzten Jahren arbeitete er hauptsächlich an »neuen Bewegungsliedern«, also solchen, die Lust auf eigene Beweglichkeit machen, aber auch Impulse aus anderen Bewegungskulturen und -lehren aufnehmen, wie etwa Tai Chi und Feldenkrais. Außerdem veranstaltet er Fortbildungsworkshops für Erwachsene, in denen er die praktisch-pädagogische Arbeit mit den Liedern vorführt und sie mit Reflexionen zum Thema »Sprache und Bewegung« verbindet.

Fredrik Vahle

Das Bewegungsliederbuch

Hupp Tsching Pau

BELTZ
Taschenbuch

www.beltz.de

Beltz Taschenbuch 910
2008 Beltz Verlag, Weinheim und Basel
Neuausgabe
1. Auflage

Umschlaggestaltung: Federico Luci, Odenthal
Umschlagillustration: Matthias Hütter
Satz: WMTP GmbH, Birkenau
Druck und Bindung: DruckPartner Rübelmann, Hemsbach
Printed in Germany

ISBN 978-3-407-22910-6

Inhaltsverzeichnis

Zauberhände berühren mich

Ich stehe fest und fühl' mich leicht (Gleichgewichtsübungen)

Ich bewege mich und bin beweglich

Alles dreht sich im Kreis

Ich gehe und stehe

Geh-dicht

(Flötenvorspiel)

Stehen ist der Anfang von Gehen.
Um zu gehen,
läßt man seinen Standpunkt
hinter sich
und geht ... los.
Aus dem Gehen
kommt man wieder ins Stehen.
Es sei denn,
daß man vorher fällt –
verflixte Welt.

Füße haben Sohlen,
haben Hacken,
haben Zehen.
Linkes Bein und rechtes Bein,
eine Erde, einen Weg –
Grund genug, zu gehen.

Beim Gehen spür ich, wie es geht
und sich sogar mein Bauch bewegt
und wie ganz unbedingt
die Hüfte dazu schwingt.
Sogar die Schultern wolln nicht ruhn,
und auch die Arme wolln was tun.

Und den Rumpf kann ich beim Stehen,
daß ich rückwärts sehe, drehen.
Baumle mit den Armen drum
um den ganzen Bauch herum.
Schaue hoch zum Himmel und
auf die eignen Zehen.
Wenn ich will, dann kann ich auch
langsam rückwärts gehen.

Mein Fuß kann sich heben,
mein Fuß kann schweben,
mein Fuß kann sich drehen,
da wackeln die Zehen.
Und wenn mein Fuß dann nicht mehr mag,
dann senkt er sich ganz sacht hinab
und sagt der Erde: Guten Tag!

Auf meinen Füßen laufe ich
durch Sonne, Wind und Sturm.
Daß ich Füße hab, ist gut.
Ach, du armer Regenwurm!

Der Bär

(Gorillasprung: Mit beiden Beinen aufspringen und alles hängen lassen)

2. Der Bär, der trottet im Wald herum,
mal rechts, mal links
und fällt nicht um.
Mit O-Beinen geht er jetzt daher,
der große, schwere, braune Bär.
Und hat er vom O-Bein-Laufen genug,
macht er: Uff! Uff! Uff!

3. Der Bär, der trottet im Wald herum,
mal rechts, mal links
und fällt nicht um.
Jetzt läuft er auf Zehenspitzen daher,
der große, schwere, braune Bär.
Und hat er vom Zehenspitzenlaufen
genug,
macht er: Uff! Uff! Uff!

4. Der Bär, der trottet im Wald herum
mal rechts, mal links
und fällt nicht um.
Jetzt geht er rückwärts, bitte sehr,
der große, schwere, braune Bär.
Und hat er vom Rückwärtslaufen genug,
macht er: Uff! Uff! Uff!

5. Der Bär, der trottet im Wald herum,
mal rechts, mal links
und fällt nicht um.
Jetzt kriecht er auf allen Vieren daher,
der große, schwere, braune Bär.
Und hat er vom vielen Kriechen genug,
macht er: Uff! Uff! Uff!

6. Der Bär, der trottet im Wald herum,
mal rechts, mal links
und fällt nicht um.
Doch hat er vom vielen Laufen genug,
dann läßt er sich fallen und macht: Uff!

Watschelgang – Parademarsch

1. Der Riese Timpetu,
der ruft: Ahuahu!
und stampft durchs ganze Land,
fast wie ein Elefant.

2. Wer kommt denn da den Weg entlang
im richtig schönen Watschelgang?
Die Ente sagt: Quak, quak,
ein' schönen guten Tag!

3. Und wer sich da jetzt naht,
der Storch in dem Salat.
Der stakst daher mit langem Bein –
wo mag der nächste Frosch wohl sein?

4. Und hier, ist das nicht nett,
so geht man beim Ballett.
Das Gehen ist jetzt wie ein Tanz.
Die Arme hoch, schau her, ich kann's.

5. Wer kommt denn da? Ein großer Mann
mit Siebenmeilenstiefeln an.
Ein Riesenschritt von hier nach dort,
beim nächsten Schritt, da ist er fort.

6. Die Königin von Samarkand
setzt stolz den Fuß
und schwingt die Hand
und schreitet ohne Hast
hinein in den Palast.

7. Behutsam, achtsam, leis und still
geht der, der sich besinnen will,
geht ohne Ziel und still voran,
kommt schließlich bei sich selber an.

8. Der Tänzer aus dem Morgenland
hat einen wunderschönen Gang,
als wenn Musik erklingt,
wenn er die Arme schwingt.

9. Zack, zack, kommt der Parademarsch,
da wackelt keiner mit dem Po.
Verboten ist, daß einer lacht –
wer hat sich das nur ausgedacht?

10. Dann kommt der König Ludewig
sehr würdevoll und königlich,
sehr vornehm und kokett,
als tanzt' er Menuett.

11. Mein Fuß geht, wie er gehen mag,
und ich hab einen guten Tag;
links rechts vor zurück,
noch einmal, noch ein Stück;
links rechts vor zurück
noch ein ganzes Stück.

12. Da kommt ein bunter Schmetterling,
der tanzt wie eine Tänzerin.
Da wolln die Füsse nicht mehr gehn,
sie wollen tanzen und sich drehn.

Gangarten

Der Riese

Der Riese ist groß. Der Riese ist schwer. Der Riese ist riesig. Er hat schwere Füße und viel Kraft. Er stampft auf den Boden, daß die Erde zittert. Er ballt seine Fäuste beim Gehen. Bei jedem Schritt zeigt er seine riesige Kraft. Wo er hinstampft, wächst kein Gras mehr. Den Riesen hört man schon von weitem. Nicht nur, wenn er »Ahuuahuuh« ruft!

Die Ente

Die Ente hat Zeit. Sie watschelt. Mit dem Po dicht über der Erde. (Dazu muß man in die Knie gehen.) Beim Gehen wackelt sie mit dem Po. Aber sie kommt auch so vorwärts. (Die Hände liegen auf dem Rücken, eine Hand faßt die andere.)

Der Storch

Der Storch hat lange Beine und eine gute Übersicht. Er macht große Schritte. Aber ohne jede Hast. Er ist sehr bedächtig und beobachtet genau: Wo kann der nächste Frosch wohl sein? Er muß genau aufpassen, wo er hintritt. Er darf, wenn er mal im Wasser herumstolziert, nicht platschen und keine Wellen machen. Sonst verscheucht er die Frösche. (Die Arme liegen am Körper. Die Handflächen sind flach abgespreizt. Der Oberkörper ist also gestreckt und ruhig, fast steif.)

Beim Ballett

Aber jetzt kommen die Arme in Schwung. Sie erlösen sich aus der steifen Storchhaltung. Nicht nur der rechte, sondern auch der linke Arm schwingt nach oben. Also: Darauf achten, daß der hintere Arm in dieselbe Höhe schwingt wie der vordere (manchmal achten wir nur auf das, was wir sehen. – Aber wir bewegen uns ja mit dem ganzen Körper): Wenn das *rechte* Bein vorgeht, schwingt der *linke* Arm nach vorn und der rechte nach hinten. Wenn das linke Bein vorgeht, schwingt der rechte Arm nach vorn und der linke nach hinten. So schwinge ich beim Gehen am besten von einem Gleichgewicht ins andere und vermeide den Paßgang (gleiche Armbewegung auf gleichem Fuß).

Siebenmeilenstiefelgang

Hier kommt es darauf an, besonders große und raumgreifende Schritte zu machen und trotzdem immer wieder ins Gleichgewicht zu kommen. Also nicht zu hastig gehen. Die Arme helfen, daß der Körper in der Mitte bleibt. Also auch hier keinen Paßgang.

Die Königin von Samarkand

Sie geht langsam und grazil. Sie läßt jeweils einen Arm tänzerisch nach vorn schwingen. Zunächst ist der Handrücken oben. Am Ende der Schwingung dreht sich die Handfläche nach oben zu einer gebenden Gebärde, und der Arm schwingt in dieser Gebärde zurück. Die Augen blicken in die Richtung der Hand, die nach vorne schwingt. Arme und Hände sollten locker sein.

Langsames Gehen

Die Hände sind vor dem Bauchnabel gefaltet. Die Daumenspitzen berühren sich. Ich konzentriere mich ganz auf mein eigenes Gehen. Ich spüre, wie mein Becken beim Gehen hin- und herschwingt. Ich spüre, wie sich mein Fuß beim Gehen von der Erde löst, wie er schwebt – in sich möglichst locker und entspannt – und wieder auf der Erde aufkommt. Ich spüre meine Fersen, Ballen und Zehen. Das langsame Gehen ist zunächst schwierig. Aber nur, weil es uns so ungewohnt ist. Ich möchte am liebsten loslaufen, komme mir vor wie einer, der nicht mehr gehen kann, oder wie eine Schnecke. Fürchterlich. Aber hat man sich etwas daran gewöhnt, wird es schnell schön. Mit dem langsamen Gehen kehrt Ruhe ein. Man hört und sieht die Dinge aufmerksamer und hat sogar Zeit, auf seinen eigenen Atem zu achten …

Der Tänzer aus dem Morgenland

Beide Arme schwingen vor der Brust nach oben. Dabei ziehen sie das linke Knie mit in die Höhe. Dann schwingen die Arme über die Seiten nach unten. Sie zeichnen einen großen Kreis. Wenn die Hände unten angekommen sind, setzt auch der Fuß auf. Diese Gangart ist sehr tänzerisch nach außen gerichtet, jedoch auch sehr langsam. Bei jeder Zeile wird der Fuß nur einmal aufgesetzt. (Siehe verwandte Figur: Der Kranich, S. 89.)

Parademarsch

Der Parademarsch ist das glatte Gegenteil. Man stampft mit den Füßen auf, daß man's hört. Die Arme sind angespannt, werden im Rhythmus nach vorn geschlagen. Marschiert wird meist auf Befehl: Links zwo drei vier … Es kommt auf stramme Haltung und äußere Gleichförmigkeit an.

König Ludewig

Er geht eher auf den Zehenspitzen; das jeweilige Abstützen mit den Zehenspitzen hilft ihm, größer zu erscheinen, als er ist. Sein Gehen ist ein Tänzeln, und er muß dabei seinen dicken Bauch balancieren. Bei jedem Schritt läßt er seine Hand bedeutungsvoll nach vorn oben schwingen. Der Zeigefinger liegt auf dem Daumen auf: Schaut her, was für ein vornehmer und eleganter König ich bin! Wenn die Hand nach unten wandert, geht er auch mit dem ganzen Körper leicht in die Knie. Wandert die Hand nach oben, streckt sich auch der Körper mit Hilfe der Zehenspitzen. So zeigt er tänzerisch Schritt für Schritt, daß er der König Ludewig ist.

Links, rechts, vor, zurück

Wird im Liedtext beschrieben. Die Bewegung wird mit dem rechten Fuß gemacht. Keine zu großen Schritte, sonst kommt man aus dem Gleichgewicht.

Schmetterling und Drehen

Der Schmetterling wird zuerst gesichtet; ich schaue mit den Handflächen über den Augen. Dann schwingen die Arme aus wie Schmetterlingsflügel, wiegen sich mit dem ganzen Körper hin und her. Die Füße gehen mit und bleiben dann auf einer Stelle, auf der ich mich mit schwingenden Armen drehe und drehe und drehe …

Ich reck' mich und streck' mich

Die Katze von Lucia

2. Die Katze von Lucia
steht da und gähnt und reckt sich.
Die Katze von Lucia
steht da und gähnt und streckt sich.
Mit ihrer rechten Schulter,
da streichelt sie ihr Ohr,
und mit der linken tut sie's auch,
ganz sanft zurück und vor.

R. Oh Lucia, guck mal da,
was hat se …

3. Die Katze von Lucia
steht auf und gähnt und reckt sich.
Die Katze von Lucia
steht da und gähnt und streckt sich.
Sie streichelt sich den Hinterkopf
und macht den Puckel krumm.
Die Katze von Lucia
fällt dabei schließlich um.

Dann schläft sie in der Sonne
und braucht keine Matratze
und ist von Schwanz bis
Schnurrbarthaar
Lucia ihre Katze.

R. Oh Lucia, guck mal da,
was hat se …

Vom Gähnen

Gähnen kann man nicht nur abends, sondern auch mittags und morgens. Das Gähnen wird erst schön, wenn man sich dazu richtig strecken und räkeln kann. Und wenn einen niemand beim Gähnen stört, sondern einfach mitgähnt. Babys können gähnen. Nilpferde, Gorillas und Löwen auch. Manchmal kann man einen Schreck kriegen vor so einem großen Maul. Aber wer gähnt, ist friedlich, da brauche ich keine Angst zu haben.

Natürlich können auch Katzen gähnen, und sie tun dies mit besonderer Hingabe. Ohne daß sie es wissen, zeigen sie dann ihr Gebiß, und man kann ihnen in den Rachen gucken …

Wenn ich gähnen muß, heißt das, daß sich mein Körper meldet. Er will, daß etwas anders wird. Vielleicht ist er müde und braucht Ruhe. Aber nicht immer. Manchmal braucht er Lockerung und neue Energie. Deshalb wird das Gähnen auch der »stille Schrei nach Sauerstoff« genannt. Beim Gähnen atme ich nämlich sehr tief ein und ganz langsam wieder aus. Das kann ich leise tun, aber ich kann das Gähnen auch laut werden lassen: Huuuaaaaaaaah!

Manchmal ist es auch schwierig zu gähnen, zum Beispiel, wenn ein wichtiger Mensch etwas Wichtiges redet und ich ihm nicht zeigen möchte, daß ich mich langweile. Obwohl das gar nicht immer der Fall ist und ich vielleicht nur Lockerung und frische Luft brauche. Manche gähnen hinter vorgehaltener Hand oder unterdrücken das Gähnen Aber was soll das Gähnen denn machen, wenn man es runterschluckt. Dann werde ich innerlich gedrückt und müde, und das ist auch nicht schön. Ein griechischer Philosoph (Heraklit) hat einmal gesagt: Lachen, Gähnen und Niesen seien »heilige Handlungen«. Das kann man glauben oder nicht. Auf alle Fälle geht es einem nach solchen »heiligen Handlungen« besser.

Gähnen kann man aber nicht immer. Wenn ich angespannt, aufgeregt oder ärgerlich bin, fällt das Gähnen schwer. Wenn ich meine Ruhe habe und locker bin, morgens nach dem Aufstehen oder vor dem Zubettgehen, fällt es dagegen leicht. Wenn ich aber Schwierigkeiten mit dem Gähnen habe, kann ich auch nachhelfen. Damit das Gähnen von alleine kommt. Man muß nur seinen Unterkiefer schön locker hängenlassen und dann tief durch den Mund Luft holen: Huuuaaaaah!

So, es hat geklappt. Und getönt hat mein Gähnen auch.
Ich kann nämlich beim Gähnen meine Stimme ausprobieren.

Ich brauche mich nicht anzustrengen, ich brauche nicht zu sprechen und nicht zu singen. Es kommt von alleine und kann zu einem Zufriedenheitsseufzer werden, der nicht nur aus dem Hals, sondern aus dem Herzen kommt.

Räkeln – Dehnen – Strecken

Aber der Mensch besteht ja nicht nur aus Hals und Herz, sondern auch aus Armen, Brust, Rükken, Beinen und Kopf. Und die wollen natürlich beim Gähnen auch mitmachen, besonders Arme und Rücken.

Das nennt man dann Räkeln. Beim Räkeln strekke und dehne ich mich.

Ich kann mich dann in alle Himmelsrichtungen ausstrecken und ausdehnen und ausräkeln. Die Arme können hoch ausgestreckt sein oder auch angewinkelt. Alles, was sich bewegen läßt, kann sich auch miträkeln, sogar die Zehen, die Hände, die Augenbrauen und die Nase. Am besten ist es, wenn man beim Räkeln den Körper selbst machen läßt und spürt, was er will, und sich nicht vornimmt, eine ganz bestimmte Bewegung zu machen.

Sonst strengt man sich ja beim Räkeln an, und es wird Gymnastik.
Räkeln ist umgekehrte Gymnastik und hat doch viel mit Bewegung zu tun.
Sich auf Befehl räkeln macht wenig Spaß. Ich mache keine Bewegung nach oder vor, lasse mich locker und spüre, was der Körper von sich aus will.

Dann bewege ich mich langsam in Zeitlupe,
wie unter Wasser oder wie ein Baum,
ein Baum, der ganz langsam wächst,
ein Buschbaum, der auf ganz wunderliche,
verknorzelt eigenartige Weise wächst
und ausatmet – und wer steht da?
Ich.

Himmelsblick und Löwenmaul

Ich kann den Kopf nach oben drehen, daß ich sehe, wie hoch der Himmel ist. Und wenn ich dabei den Unterkiefer locker lasse, dann geht mein Mund von ganz alleine auf. Am höchsten ist der Himmel, wenn er blau ist. Und am niedrigsten, wenn man die Hand vor Augen nicht sehen kann, weil die Wolken zu Besuch auf der Erde sind und wir im Nebel herumtappen. Aber ich kann den Mund auch beim Nachobendrehen weit aufreißen. Dann sehe ich fast nichts mehr. Aber alle sehen mein riesiges Raubtiergebiß: Uaaaaaaaaaaaah! Und ich knurre ganz fürchterlich (derweil streichelt mein Hinterkopf meinen Nacken).

Wie die Schulter das Ohr besucht

Das Ohr und die Schulter hatten noch nie etwas miteinander zu tun. Das Ohr hörte alles mögliche: Kinderstimmen, Musik und Regentropfen. Je nachdem. Und die Schulter, die geht schnell nach oben, wenn ich etwas nicht weiß.

Ich zucke mit den Achseln und damit auch mit den Schultern, und ich ziehe sie langsam nach oben, wenn ich Angst habe und dabei meistens auch den Kopf einziehe ... Aber gerade jetzt kann ich machen, daß sich Schulter und Ohr begegnen, daß sie sich besuchen. Das kann sehr unterschiedlich sein. Damit ich den Besuch gut mitbekomme, mache ich die Bewegung langsam:

Das Ohr kann zur Schulter kommen,
als wollte es sich ausruhen ...
oder die Schulter fühlen ...
oder in die Schulter hineinhorchen.
Und die Schulter kann zum Ohr kommen, um das Ohr zu fühlen
oder um ein Schultergeräusch im Ohr zu machen.

Vielleicht will das Ohr die Schulter auch streicheln oder die Schulter das Ohr. Ich kann beides ausprobieren. Vielleicht treffen sie sich auch in der Mitte. Dann bewegt sich das Ohr in Richtung Schulter und die Schulter in Richtung Ohr. Und weil dieser Streichelbesuch so schön ist, mache ich ihn gleich mehrere Male hintereinander. Und dabei kann ich die Schulter auch im Kreis bewegen, nach hinten, nach unten, nach vorn, nach oben und zurück …
Mit welcher Schulter habe ich angefangen? Mit der rechten, dann kann ich jetzt auch die linke nehmen …
So ist es also, wenn Ohr und Schulter sich besuchen.

Hinterkopfgedanken und Händehängematte

Meinen Hinterkopf kann ich nicht sehen. Wenn ich das sehen will, was hinter meinem Kopf ist, muß ich den Kopf oder meinen Oberkörper oder mich selbst ganz umdrehen. Aber dann ist mein Hinterkopf da, wo vorher mein Gesicht war, und ich sehe meinen Hinterkopf wieder nicht. Ich kann meinen Hinterkopf nicht sehen, aber ich kann ihn fühlen, mit meiner Hand kann ich ihn fühlen. Die Hand braucht nicht gleich zum Hinterkopf zu gehen. Sie kann das auch im schönen Bogen tun. Dann wird die Bewegung deutlicher. Ich richte mich dabei auf.

Mein Oberkörper strebt nach oben.
Wenn ich meinen Hinterkopf von oben
nach unten streichle, spüre ich,
wie glatt meine Haare sind;
wenn ich ihn von unten nach oben streichle,
richten sich meine Haare auf und
sind wie Pelz in meiner Hand …

So entsteht ein kleines Stück Streichelwiese. Ich kann auch meine Hände falten und hinter den Hinterkopf legen.

Wenn von zu vielen Hintergedanken mein Hinterkopf schwer ist, kann er sich in dieser Händehängematte ausruhen.

Wenn ich den Rücken krumm mache

Wenn ich den Rücken krumm mache (zum Beispiel auf allen Vieren, es geht aber auch im Stehen), bewegen sich die Schultern und der Kopf nach vorn, und die Hüften bewegen sich auch nach vorn. Wenn ich den Rücken krumm mache, werde ich kleiner und kann den Kopf nicht mehr so leicht nach rechts und links bewegen. Es ist, als würde mein Oberkörper in sich zusammensinken, als würde mich eine große Last niederdrükken (und mein Gesicht guckt entsprechend dazu). Es paßt zu dieser Bewegung, daß ich gründlich ausatme.

Aber dann atme ich ein,
der Kopf wandert nach oben,
die Wirbelsäule streckt sich,
und ich stehe da
aufrecht und stark
wie ein Baum.

Warum braucht die Katze keine Matratze?

Sie hat keine Angst vor der harten Erde oder vor einem harten Fußboden, und wenn die Sonne darauf scheint, erst recht nicht. Sie nimmt sich genau soviel Platz, wie sie braucht. Sie liegt mal der Länge nach und mal zusammengerollt und so … auch so … mal so.

Sie streckt nichts nach oben oder versucht, es von der Erde wegzuhalten. Keine einzige Anstrengung ist mehr da. Alles, was sie hat – alles, was Katze ist – läßt sie auf die Erde sinken. Auf jedem Zentimeter Erde, den sie braucht, liegt sie wohlig und entspannt. Ihre ganze Geschmeidigkeit verwendet sie nur zum Daliegen, und die Erde dankt es ihr mit Bequemlichkeit, selbst da, wo sie hart ist. Als wäre sie nur aus Fell und hätte keine harten Knochen, hat sie sich auf der Erde ausgebreitet. Versuch es mal, so dazuliegen …

Leg dich mal auf die Erde. Stell dir vor, du hast Angst. Du ziehst dich zusammen. Dann merkst du, wie viele Teile deines Körpers die Erde gar nicht berühren. Wenn du aber ganz müde, glücklich und entspannt daliegst, wird das anders. Dann berührt viel mehr von deinem Körper die Erde.

Wie die Katze von Lucia gespielt wird

Dabei kommt es darauf an, wie viele Kinder mitspielen wollen: Mindestens vier Kinder (zwei Paare) stellen ein Katzenhaus dar. Sie knien sich paarweise gegenüber, strecken die Arme nach oben und fassen sich an den Händen.

Aus diesem Haus kommt die Katze von Lucia heraus und macht die entsprechenden Bewegungen. Bei den Refrains klatschen die Kinder, die das Haus darstellen, während die Katze von Lucia um das Haus herum- beziehungsweise vorne heraus- und hinten wieder hineinläuft. Wenn genügend Kinder da sind, kann es ruhig mehrere Katzen von Lucia geben.

Ich klatsche mal so, mal so

Vom Klatschen

Wer das Klatschen erfunden hat, weiß ich nicht. Wahrscheinlich ein Kind. Das hat entdeckt, daß man mit den Händen etwas machen kann, was man gleichzeitig hört. Vielleicht wollte es auch einen Schmetterling oder eine Fliege fangen. Aber die Fliege und der Schmetterling waren schneller. Und was blieb dem Kind – das Klatschen!

Durch Klatschen kann man sich die Hände warm machen. Man kann sich selber fühlen und sich munter machen. Man kann auf sehr unterschiedliche Art und Weise klatschen, und jeder Mensch klatscht ein bißchen anders. Die Erwachsenen klatschen z.B., wenn ihnen etwas gefallen hat. Das nennt man dann Beifall oder Applaus. Manchmal klatschen sie auch im Takt mit. Das nennt man dann Stimmung. Oft sieht das Klatschen aber doch etwas einförmig aus. Besonders im Fernsehen. Dabei braucht man ja nicht nur zu klatschen, wenn andere Musik machen. Man kann mit dem Klatschen auch selber Musik hervorbringen, und davon soll im folgenden die Rede sein.

Bauch- und Popoklatschlied

2. Ich habe eine rechte Hand,
ich habe eine linke Hand,
und wenn ich sie zusammenbatsch,
machts … klatsch.

3. Und klatscht man sich auf seinen Bauch,
dann wackelt er. Das soll er auch.
Er wackelt freundlich hin und her
und wird sehr leicht und gar nicht schwer.
Refrain

4. Und klatsche ich auf meinen Kopf,
das seh ich nicht und spür es doch.
Das Klatschen tut dem Kopf sehr gut,
dann wird er warm ganz ohne Hut.
Refrain

5. Und klatsche ich auf meinen Po,
das siehst du hier, und das geht so.
Es ist ein schöner Klatschepatsch,
der selbstgemachte Popoklatsch.
Refrain

6. Sehr leise klatscht Herr Pingelich,
der klatscht was mit zwei Fingern sich.
Er klatscht vor seinem linken Ohr,
das kommt ihm musikalisch vor.
Refrain auf ›i‹: Klitsch bim, klitsch …

6. Wer klatscht, macht sich die Hände warm
im Stehen und im Sitzen.
Wer klatscht, macht sich die Hände warm
bis in die Fingerspitzen.

||: Ich fühle deine Hände,
und du fühlst meine auch.
Gib mir ein bißchen Wärme,
weil ich sie grade brauch. :||
Refrain

In der letzten Strophe stellen sich die Kinder jeweils paarweise gegenüber und berühren sich mit den Innenflächen der Hände. Die Hände wandern dann langsam auf und ab, ohne sich voneinander zu lösen. – Ganz zum Schluß kann noch einmal der Refrain geklatscht und gesungen werden. Dabei klatschen die Kinder zunächst in die eigenen Hände, dann mit beiden Händen zugleich in die Hände des Partners, wieder in die eigenen Hände, dann abwechselnd über Kreuz in die linke und rechte Hand des Partners. Zwischendurch wird jedoch in die eigenen Hände geklatscht.

Das Wackelhandklatschen

Das schönste Klatschen ist das Wackelhandklatschen, und das geht so:
Ich lasse den rechten Arm nach oben schweben. Dann fängt meine rechte Hand aus dem Handgelenk heraus ganz locker zu wackeln an. Mein linker Arm schwebt auch nach oben, und die linke Hand wackelt mit.

Das Wackelhandklatschen ist am schönsten, wenn ganz viele Kinder mitmachen. Aber natürlich geht es auch allein. Es ist, als würde ich die wackelnden Hände auf den Armen balancieren. Doch jetzt kommt das Kunststück! Aus dem Händewackeln soll das Klatschen kommen.

»Auf die Plätze	oder:	»HUPP
fertig		TSCHING
los!«		PAU!«

Hat jeder getroffen? Wenn nicht, müssen wir nochmal wackeln und zielen. Wenn dann alle getroffen haben, können wir die Arme ganz langsam nach unten sinken lassen. Mit dem Wackelhandklatschen kann man bei Kindern leicht Aufmerksamkeit und Konzentration erzeugen. Es ist eine Bewegung, in die sie alle schnell einsteigen können. Und außerdem sieht es schön aus, besonders von oben. Vor einer anderen Übung oder einem Lied kann das Wackelhandklatschen als Aufmerksamkeitssignal dienen.

Das Partnerklatschen

Zum Partnerklatschen gehören zwei. Man stellt sich also paarweise gegenüber. Einer klatscht senkrecht von oben nach unten und der andere waagerecht von rechts nach links. Wenn einer die Hände öffnet, um Schwung zu holen, klatscht der andere die Hände zusammen.

Es empfiehlt sich, das zuerst ganz langsam zu machen, damit sich beide im Rhythmus von Klatschen und Schwungholen aufeinander einstellen können. Wenn sich beide eingeklatscht haben, macht es auch Spaß, schneller zu klatschen und dann wieder langsamer zu werden. Dabei muß ich auf den jeweiligen Partner achten – will er schneller klatschen oder das Tempo verlangsamen? Will ich ihm folgen oder nicht? Das erfordert zu erkennen und gegebenenfalls darauf einzugehen, was der andere will. Man kann dies ganz ohne Worte tun. Aber es erfordert viel Aufmerksamkeit.

Derjenige, der führt, kann auch in die Knie gehen, sich auf die Zehenspitzen stellen oder im Raum herumgehen. Er muß jedoch darauf achten, daß sein Klatschpartner auch wirklich mitkommt. Der Führende trägt also auch die Verantwortung dafür, daß das Klatschen weitergeht. Die Führungsrolle soll nicht immer nur einer übernehmen, sondern beide wechseln sich damit ab. Sie sollen mal darauf achten, wie sie sich fühlen, wenn sie führen bzw. geführt werden – was macht mehr Spaß?

Die Kinder machen das Partnerklatschen dreimal und drehen sich dann je um die eigene Achse. Dabei lassen sie die Arme oben beziehungsweise in der Stellung, in der sie Schwung holen. Wenn sie sich nach der Drehung wieder gegenüber stehen, klatschen sie weiter. Jetzt ist aus dem Partnerklatschen schon fast ein Volkstanz geworden, zu dem man auch singen kann.

Einen Klatscher zum Himmel schicken

Ich lasse die Arme parallel nach oben steigen und gehe in die Knie, während ich einatme und die Arme halbkreisförmig nach außen und unten sinken. So hole ich Schwung für den Klatscher. Da, wo sich die Halbkreise treffen, begegnen sich die Hände und klatschen ineinander. Die Arme folgen dem Klatscher nach oben, der hoch in den Himmel fliegt. Mit dem Klatscher und den erhobenen Armen strecke ich mich auch in den Kniegelenken beziehungsweise bewege mich mit dem ganzen Körper nach oben, bis ich auf den Zehenspitzen stehe. Dabei atme ich laut aus.

Das Karateklatschen

Das »gefährlichste« Klatschen ist das Karateklatschen. Es erfordert sehr viel Aufmerksamkeit und Konzentration. Zuerst lege ich in Gebetshaltung die Hände vor die Brust und verneige mich. Dann nehme ich die Karateklatschstellung ein:

- Die Füße sind schulterbreit voneinander entfernt, und ich gehe leicht in die Knie.
- Ich verlagere nun mein ganzes Gewicht auf den linken Fuß, so daß ich den rechten Fuß und den rechten Arm angewinkelt hochheben kann. Die Finger zeigen nach oben, so, als wollte ich einen Handkantenschlag ausführen.
- Dann schnelle ich mit rechter Hand und rechtem Fuß nach vorne, stampfe laut auf und rufe: »Pau!« Jetzt habe ich die Geister auf der rechten Seite verscheucht.
- Ich verlagere nun mein ganzes Gewicht auf den rechten Fuß, so daß ich den linken Fuß und den linken Arm angewinkelt heben kann.
- Dann stampfe ich mit dem linken Fuß auf und rufe: »Pau!« Jetzt habe ich die Geister auf der linken Seite verscheucht. Nun ist die Bahn frei, und ich kann mir aus dem Hintergrund Kraft und Energie holen. Dazu gehe ich in die Knie und schwinge mit beiden Armen kreisförmig nach hinten und zähle dazu:

»Eins	*Kreis nach hinten*	*Andere Zählart:*	»Eins
und zwei	*ebenso*		und Hupp
und drei	*ebenso*		und Tsching
und PAU!«			und PAU!«

Bei »PAU« klatschen die Hände aufeinander, öffnen sich dann wieder und werden flach nach vorne gestreckt. Das Karateklatschen kann man wiederholen und in alle vier Himmelsrichtungen machen, bis man wieder am Ausgangspunkt angelangt ist. Dann verneige ich mich in Gebetshaltung, und die Übung ist zu Ende.

Klatschen und Gehen

Jetzt gehen wir. Geradeaus oder im Kreis herum. Man kann es auch auf der Stelle machen. Wichtig ist, daß wir das Aufsetzen der Füße gut hören, so daß schon durch das Gehen ein Rhythmus entsteht. Am einfachsten ist es, mitzuklatschen, wenn der Fuß auf die Erde aufsetzt. Das Klatschen verstärkt dann das Aufsetzen des Fußes und umgekehrt. Das ist leicht zu machen, aber auch ein wenig plump und elefantig. Deshalb kommt jetzt die erste Variation.

Wir klatschen nicht, wenn wir den Fuß aufsetzen, sondern wenn wir den Fuß heben. Jetzt kriegt die Sache Schwung und wird Musik. Wir können auch in den Zwischenräumen beim Gehen einmal und im nächsten Zwischenraum zweimal klatschen und in einer weiteren Variation in den Zwischenräumen zweimal einzeln und dann doppelt. Wichtig ist, daß wir langsam beginnen und nicht zu schnell werden, sonst verheddern wir uns bei dieser Übung.

Tschingderassabumklatschen

Wir fangen mit den Füßen an, tippen mit dem rechten Fuß nach innen und kommen auf den linken Fuß zurück. Es entsteht ein wiegender Rhythmus. Wenn wir uns an diesen Rhythmus gewöhnt haben, fängt das Tschingderassabumklatschen an.

Wir heben den linken Arm und lassen den rechten Arm hängen. Beim »bum« von »tschingderassabum« gehen wir mit dem erhobenen Arm nach unten, während der rechte in die Höhe steigt, so daß wir ungefähr in Kopfhöhe in die Hände klatschen können. Jetzt steigt die linke Hand nach oben und die rechte sinkt, und wir können zum nächsten Tschingderassabumklatscher ausholen.

Zum Tschingderassabumklatschen gibt es ein Lied. (Natürlich können wir auch mit dem Tschingderassabumklatschen selbst anfangen und den Rhythmus der Füße erst später dazunehmen. Die Musik zu diesem Lied können wir auch auf Kazoos blasen. Dann sind wir unsere eigene Tschingderassabumkapelle.)

Tschingderassabum

2. Tschingderassa tik, tschingderassa tok,
der dicke-Backen-Blasmusikdirektor
hebt den Stock.
Tschingderassa bum, tschingderassa
bam
der Jupp auf der Posaune
bläht die Backen und fängt an.

3. Tschingderassa tik, tschingderassa tok,
der dicke-Backen-Blasmusikdirektor
senkt den Stock.
Tschingderassa bum, tschingderassa
bek,
die dicke-Backen-Blasmusik
marschiert schon wieder weg.

Die Striche zeigen die Stellen an, bei denen geklatscht wird.

Die Klatschtonleiter

Wenn man beim Klatschen die Aufschlaghaltung der Hände verändert, entstehen unterschiedliche Klanggeräusche. Ich kann jedoch auch so klatschen, daß unterschiedliche Tonhöhen entstehen. Mit diesen unterschiedlichen Tonhöhen ist es möglich, eine einfache Tonleiter zu klatschen. Den tiefsten Ton habe ich »TOK« genannt.

Um diesen Ton zu klatschen, mache ich die Hände hohl, schlage sie über Kreuz aufeinander, und so entsteht zwischen den hohlen Handtellern der tiefste Ton der Klatschtonleiter, das TOK. Also:

TOK TOK TOK – TOK TOK TOK – TOK TOK TOK

Beim Klatschen können wir auf den Klatschton hören und die Handhaltung eventuell etwas lockern, dann wird das TOK tiefer. Wenn wir die Hände etwas anspannen, wird das TOK höher. Wir probieren aus, wie wir das TOK am besten hervorbringen können.

Der nächste Ton heißt »TAK«. Bei diesem Ton werden die Hände flach und ganz aufeinandergeschlagen. (Das Bitten und Beten ist in dieser Handhaltung angedeutet.) Dabei dürfen wir die Hände nicht zu steif und nicht zu locker halten, sondern müssen sie so aufeinanderschlagen, daß wirklich ein deutliches Klatschen entsteht.

TAK TAK TAK – TAK TAK TAK – TAK TAK TAK

Der nächsthöhere Ton heißt »TEK«. Er ist meist der lauteste und durchdringendste von allen Klatschtönen. Dabei schlage ich mit den Fingern der rechten Hand in den Handteller der linken, also in die halbe Hand. Die Finger der linken Hand sollen nicht steif gestreckt sein, sondern locker und muschelförmig der rechten Hand entgegenkommen. So können wir die lautesten TEK-Klatscher erzeugen.

TEK TEK TEK – TEK TEK TEK – TEK TEK TEK

Der höchste Ton der Klatschtonleiter heißt »TIK«. Hier werden die Hände wieder über Kreuz aufeinandergeschlagen. Diesmal aber so, daß der Handrücken der rechten Hand in den Handteller der linken schlägt, und zwar so, daß die Knöchel der rechten Hand in den Handteller der linken schlagen. Wenn ich die linke Hand etwas spanne, entsteht ein höherer TIK-Ton. Man muß auch hier wieder ausprobieren, bis man das schönste TIK hinkriegt:

TIK TIK TIK – TIK TIK TIK – TIK TIK TIK

Einfache Klatschstücke

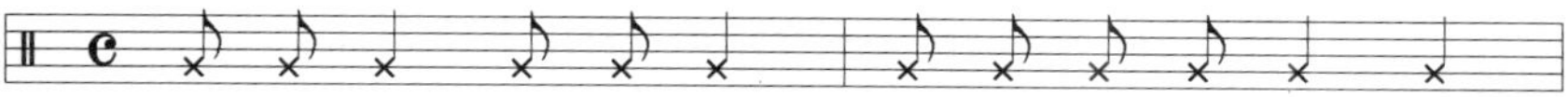

1. TOK TOK, TIK. TOK TOK, TIK. TIK TIK TIK TIK, TAK TAK.

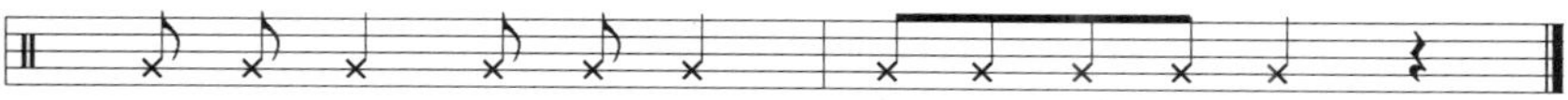

TOK TOK, TIK. TOK TOK, TIK. TIK TIK TIK TIK, TEK.

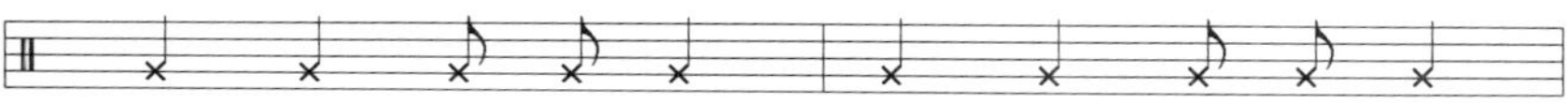

2. TOK TOK, TAK TAK TAK. TOK TOK, TEK TEK TEK.

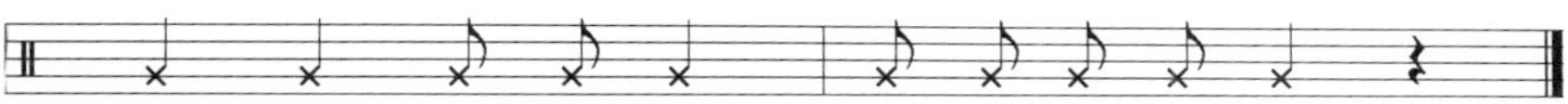

TOK TOK, TIK TIK TIK. TIK TIK, TAK TAK, TOK.

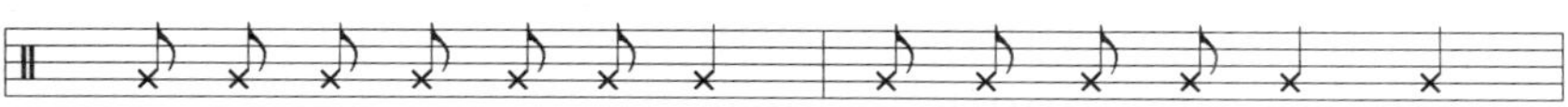

3. TAK TAK TAK TAK TAK TAK TAK, TIK TIK TIK TIK TEK TEK,

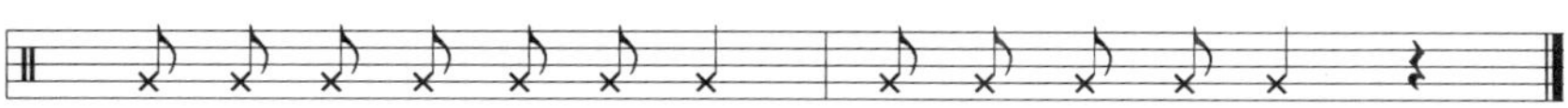

TOK TOK TOK TOK TOK TOK TOK, TIK TIK TIK TIK, TEK.

1. TOK-TOK-TIK-Klatscher
   TOK TOK, TIK. TOK TOK, TIK. TIK TIK TIK TIK, TAK TAK.
   TOK TOK, TIK. TOK TOK, TIK. TIK TIK TIK TIK, TEK.

2. TOK-TOK-TAK-Klatscher
   TOK TOK. TAK TAK TAK. TOK TOK, TEK TEK TEK.
   TOK TOK, TIK TIK TIK. TIK TIK, TAK TAK, TOK.

3. TAK-TAK-TAK-Klatscher
   TAK TAK TAK TAK TAK TAK TAK, TIK TIK TIK TIK TEK TEK,
   TOK TOK TOK TOK TOK TOK TOK, TIK TIK TIK TIK, TEK.

Vokale klatschen

In den folgenden Zeilen kann man die Vokale mitklatschen:

Ottos Mops hopst fort	://	(TOK)
Annas Lama mag Kaba	://	(TAK)
Edes Erdferkel zetert den Tresen leer	://	(TEK)
Mimis Iltis ist wie Mimi ziemlich winzig	://	(TIK)

Und auch in den folgenden Geschichten, allerdings mit unterschiedlichen Klatschtönen:

Papa mag Grappa
Papa grapscht nach Grappa
Papas Grappa schwappt
Papas Grappa ist weg
//: Mama: Igitt, igitt
Papa: O Gott, o Gott://

Anna, Anna

Anna ist keck,	Anna ist frech,
Mama ist weg,	Papa geht weg.
Papa ist da!	Mama ist da!
Oh, ja.	Oh, ja.

Unterschiedliche Orte bzw. Armhaltungen beim Klatschen

TOK – Vor dem Bauch
TAK – Vor der Brust
TEK – In Brusthöhe nach links versetzt
TIK – Mit Abstand vor dem Gesicht

Fußbewegung zur Klatschtonleiter

Parallel zu den Klatschtönen kann man folgende Fußbewegungen machen:

TOK – Mit dem ganzen Fuß aufstampfen
TAK – Mit der Ferse aufstoßen
TEK – Mit der rechten Fußkante aufstoßen
TIK – Mit den Zehenspitzen auftippen

Uhrmachermeister Klopstock

In diesem Text kommen verschiedene **Klatschwörter** vor.

2. Der Uhrmachermeister **Klopstock**
   hat eine kleine Zange, die macht:
   knip knip knip
   (3mal mit Daumen und Zeigefinger)
   Der Uhrmachermeister **Klopstock**.

3. Der Uhrmachermeister **Klopstock***
   baut eine Uhr, die macht:
   TIK, TAK. *(4mal)*
   Der Uhrmachermeister **Klopstock**.

4. Der Uhrmachermeister **Klopstock**
   mag nie und niemals **Hektik**. *(4mal)*
   Der Uhrmachermeister **Klopstock**.

5. Der Uhrmachermeister **Klopstock**
   hat eine gute **Taktik**. *(4mal)*
   Der Uhrmachermeister **Klopstock**.

6. Der Uhrmachermeister **Klopstock**
   baut eine Uhr, die früh und spät
   mal vorwärts und mal rückwärts geht.
   TIK TAK TAK TIK
   TIK TAK TAK TIK
   TIK TAK TAK TIK
   Der Uhrmachermeister **Klopstock**.

* ab Strophe 3 Klatscher in Vierteln

Der kleine freche Wüstenfuchs

F#m C#m F#m
mit Ka - me- len Maus und Mann, tok tok tak tak tek tek tik.
F#m klatschen C#m F#m
A-ra-ma ba- ha- ma ba- ha- ma ba dux,
seht da sitzt der Wüsten- fuchs, tok tok tak tak tek tek fik. Ich
D A D
bin ein Wüst- ling bellt er keck, tek tek to - rok, und schwupp da war er
ist so wach- sam wie ein Luchs, tek tek to - rok, der klei - ne fre- che
A 1. 2. D
auch schon weg, dip dip dip dip dip. Er
Wü - sten - fuchs,
dip dip dip dip dip dip tek
A D A D
dip dip dip dip dip dip tak dip dip dip dip dip dip tok
A D
dip dip dip dip dip dip tik.

2. Er sieht auch nachts und ist gewitzt, dip dip dip dip dip,
wenn er so durch die Wüste flitzt, dip dip dip dip dip.
Dann steht er unterm Sternenzelt, tek tek torok,
und hat den Mond laut angeheult, tek tek Uhuu.

3. Die Karawane naht heran, tok tok tak tak tek tek tik,
mit Kamelen, Maus und Mann, tok tok tak tak tek tek tik,
Arama bahama bahama badux, tok tok tak tak tek tek tik,
seht, da sitzt der Wüstenfuchs, tok tok tak tak tek tek tik.

4. Ich bin ein Wüstling, bellt er keck, tek tek torok,
und schwupp, da war er auch schon weg, dip dip dip dip dip.
Er ist so wachsam wie ein Luchs, tek tek torok,
der kleine freche Wüstenfuchs, dip dip dip dip dip dip … tek.
dip dip dip dip dip dip … tak.
dip dip dip dip dip dip … tok.
dip dip dip dip dip dip … tik.

Fischschwanz und Handschleife

Die dritte Strophe wird durch eine besondere Musik begleitet, und hier kommen auch spezifische Bewegungen dazu, die aus dem orientalischen Tanz stammen:

Zeile 1 und 2: Der Fischschwanz

Die Handflächen bewegen sich vor dem Gesicht waagerecht aufeinander zu, berühren sich jedoch nicht, sondern gleiten aneinander vorbei. Dabei sind die Hände leicht gespannt. Die Handgelenke sind dann über Kreuz. Sie entspannen sich leicht, jedoch nicht so stark, daß sie abkippen. Sie bleiben auch in der Entspannungswölbung aufrecht. Die Hände wandern zurück, so daß linke und rechte Hand abwechselnd vorn sind.

Zeile 3 und 4: Die Handschleife

Diese Figur ist etwas schwieriger und kann in einzelnen Schritten geübt werden.

a) Ich beginne mit der linken Hand, lasse sie (mit den Fingern nach unten bzw. oben) steigen und hinabsinken, und zwar so, daß beim Emporsteigen der Handrücken nach außen zeigt und beim Herabsinken die Handfläche. Diese Übung mache ich dann auch mit der anderen Hand und schließlich mit beiden Händen gleichzeitig.

b) Dann lasse ich die Linke steigen und die Rechte sinken, wobei jede Hand wie gehabt beim Steigen den Handrücken und beim Sinken die Handfläche nach außen wendet. Nun lasse ich beide Hände in unterschiedlichem Auf und Ab ihre Bewegungen machen, so daß sich jeweils vor meinem Gesicht die beiden Handinnenflächen einander zuwenden, ohne sich zu berühren. Eine Hand ist oben, wenn die andere unten ist. So gleiten die Hände auf geheimnisvolle Weise auf und ab und aneinander vorbei.

Beide Figuren – den Fischschwanz und die Handschleife – kann man auch vor dem Körper nach oben und unten wandern lassen.

Wie man das Lied spielt

Alle Kinder stellen sich im Kreis auf, und eins spielt den Wüstenfuchs. Der Abstand von Kind zu Kind sollte so groß sein, daß jedes Kind seine Arme frei bewegen kann.

Der Wüstenfuchs läuft dann in den Kreis und wieder hinaus. Er kann aber auch besondere Öffnungen finden, durch die er hinein- und hinausschlüpft, zum Beispiel: Ein Kind stellt sich breitbeinig hin, der Wüstenfuchs schlüpft hindurch; ein anderes geht in die Hocke, der Wüstenfuchs springt über das Kind; zwei Kinder geben sich die Hände, knien sich hin und machen eine Brücke – jetzt kann der Wüstenfuchs unter der Brücke durchschlüpfen oder über die Brücke springen.

Beim Fischschwanz und bei der Handschleife machen die Kinder, die im Kreis stehen, mit, und der Wüstenfuchs läuft weiter.

Zauberhände berühren mich

Hokus Pokus Fidibus

R: Hokus Pokus Fidibus …

2. Sie legt die Hände auf die Ohrn,
   jetzt kann der Zaubrer lauschen.
   Er hört in ihren Händen drin
   ein Grummeln und ein Rauschen.

R: Hokus Pokus Fidibus …

3. Sie streichelt ihm die Schultern sanft,
   da solln ihm Flügel wachsen.
   Dann braucht er nicht mehr so viel gehn,
   kriegt keine müden Haxen.

R: Hokus Pokus Fidibus …

4. Sie drückt mit ihren Daumen sacht
   die Wirbelsäule runter.
   Ganz langsam bis zur Hüfte geht's,
   das macht den Zaubrer munter.

R: Hokus Pokus Fidibus …

5. Sie knetet ihm die Hüften durch,
   von hinten bis zum Bauch.
   Der Hexenschuß ist schon fast weg,
   jawoll, das soll er auch!

R: Hokus Pokus Fidibus …

6. Sie streichelt ihm die Füße warm,
   und drückt sie fest und sacht –
   der Hexenschuß ist weg, da steht
   der Zaubrer auf und lacht.

R: Der Zaubrer und die Zauberin
   die reichen sich die Hände
   und drehen sich im Kreis herum,
   da fliegen alle Wände.

Der Kopf

Hokus Pokus Fidibus,
der Zauberer hat Hexenschuß,
doch seine Frau, die Zauberin,
die kriegt das wieder hin.

Sie legt die Hände auf sein' Kopf,
das tut dem Zaubrer gut.
Die Hände von der Zauberin
sind wie ein warmer Hut.

Kopf nennt man das, was weh tut, wenn wir Kopfschmerzen haben. Aber so schlimm ist es meistens nicht, denn der ganze Kopf tut uns selten weh. Den Kopf nennt man auch »Haupt«, deshalb ist der Kopf auch das, was wir meist als Hauptsache unseres Körpers ansehen. Vom Kopf aus werden alle unsere Bewegungen gesteuert. Fast alle unsere Sinnesorgane, Ohren, Augen, Mund und Nase, befinden sich im Kopf. Wenn wir denken, tun wir das im Kopf. Denken kann unseren Kopf klarer machen, aber auch belasten; manche »verrenken« oder »zerbrechen« sich sogar den Kopf.

Im Kopf ist meistens Hochbetrieb, sogar in der Nacht, denn dann träumen wir. Dem übrigen Körper räumen wir Ruhepausen ein, nur im Kopf geht es meist automatisch weiter.

Wenn man aber auch dem Kopf eine Ruhepause gönnt, wird das Denken wieder frisch. Eine solche schöpferische Ruhepause ist der Anfang von dem, was man Meditation nennt.

Es gibt auch Sachen, die der innere und äußere Kopf nicht mag. Zum Beispiel Grübeleien, Gewissensbisse, quälende Gedanken, aber auch Kinnhaken, Backpfeifen, Nasenstüber und Kopfnüsse.

Mit dem Kopf kann man aber nicht nur denken, sondern auch stemmen, stoßen, boxen und den Bauch eines anderen Menschen fühlen. Dann bekommen Kopf und Bauch eine ganz andere Bedeutung. Der Kopf fühlt sich dann natürlicher an, als würde er wirklich zum Körper gehören. Wenn man immer nur im Kopf ist, kann es passieren, daß man zum dünnbeinigen Kopffüßler wird. So, wie man Gedanken auf alle möglichen Arten bewegen kann, kann man seinen Kopf auch drehen, schütteln, heben, senken, hängen lassen, auf die eigene Schulter oder in den Nacken legen.

Manche Leute gehen mit dem Kopf durch die Wand oder handeln kopflos. Manche leben nur in ihrem Kopf und merken erst, daß sie einen Körper haben, wenn er ihnen weh tut. Es gibt viele mehr oder weniger heftige Schimpfworte, die den Kopf betreffen. Dickschädel, Dummkopf, Quadratschädel, Hohlkopf, Holzkopf, Strohkopf oder Arsch mit Ohren.

Man kann aber auch einem Kopf guttun, wenn man ihn sanft berührt oder streichelt. Und das tut dem größten Quadratschädel gut. Unser Schädel scheint nämlich nur so hart und unbeweglich. In Wirklichkeit sind die Schädelknochen nicht fest und starr miteinander verbunden, sondern sie unterliegen einer sehr feinen Bewegung. Diese Bewegung wird durch unsere Atmung gesteuert, und die Schädelknochen bewegen sich so in einer bestimmten Abfolge zueinander. Durch diese Bewegung wird die Rükkenmarksflüssigkeit bis zur harten Hirnhaut, Dura mater, gepumpt, und dieser Vorgang fördert unsere Konzentrations-, Denk- und Merkfähigkeit. Alles, was einem Kopf von außen angetan wird, beeinflußt die Schädelatmung und damit auch die inneren Vorgänge im Kopf. Wenn die Zauberin also die Hände auf den Kopf des Zauberers legt, versucht sie, auf diese Vorgänge heilend einzuwirken.

Die Ohren

Warum hat der Mensch Ohren am Kopf? Damit er von Ohr zu Ohr lacht und nicht um den Kopf herum! Natürlich sind die Ohren auch zu anderen Dingen da, hauptsächlich zum Hören.

»Hören« heißt »lauschen« oder »verstehen« oder auch »gehorchen«; »wer nicht hören will, muß fühlen«, das hat etwas mit gehorchen und mit Strafe zu tun. Dabei kann ich mit den Ohren auch fühlen. Das spüre ich, wenn ich die Hände auf die Ohren lege. Wenn ich die Hand zur Muschel wölbe und sie auf die Ohrmuschel lege, beginnt ein eigenartiges Rauschen. Wenn ich die Hand bewege, kann ich rhythmische Wellen in dieses Rauschen bringen. Ich kann die Ohren nicht wie die Augen zumachen. Aber ich kann meine Hände drauflegen. Ich kann in meine Hände, aber auch in das Innere meines Kopfes hineinhören. Es ist ein warmes und beschütztes Hören, und die Ohren werden zu unseren Fühlern am Kopf, die sich dann ebenfalls »wohl fühlen«.

Die Hände der Zauberin wissen, was sie tun und tun mehr, als sie wissen. Sie bringen ein gutes Ge-fühl in die Ohren.

Die Schultern

Wenn wir unsere Arme bewegen, bewegen sich auch unsere Schultern. Wenn wir eine Armbewegung aus der Schulter heraus machen, wird sie leichter und anmutiger.

Wenn wir Angst haben, ziehen wir die Schultern hoch. Manchmal, ohne es zu wissen. Wenn wir mit den Achseln zucken, bewegen wir auch die Schultern.

Alles, was wir tragen und ertragen müssen, belastet unsere Schultern. Wir können an Säcken, Ziegelsteinen, schweren Schulranzen, zu vielen Hausaufgaben, Zeugnisnoten, Krankheit, Termindruck und Streß zu tragen haben. Was meine Schultern leichter macht, macht auch mein Leben leichter. Dann werden meine Schultern so leicht, als erinnerten sie sich, daß sie einmal Flügel waren und bekommen himmlische Gefühle. Und Engel haben sowieso leichte Schultern.

Kein Wunder, daß deshalb die Zauberin besonders eingehend die Schultern des Zauberers streichelt.

Die Wirbelsäule

Die Wirbelsäule ist die senkrechte Achse in unserem Körper. Sie heißt »Säule« – vielleicht, weil sie viel zu tragen hat. Sie ist aber beweglich konstruiert, wie eine Gliederschlange. Akrobaten, die im Zirkus in enge Kisten kriechen, sind darauf angewiesen. Erst die Beweglichkeit der Wirbelsäule ermöglicht es, daß wir aufeinander abgestimmt Arme und Beine bewegen. Arme und Beine sind durch unsere Schultern beziehungsweise durch unser Becken mit der Wirbelsäule verbunden.

Unser Rücken und die Wirbelsäule sind das Zentrum für eine aufrechte Haltung. Wir versuchen uns deshalb meist gerade zu halten und im Stehen und Sitzen eine Haltung einzunehmen, von der wir denken, sie wäre bequem. Und dabei vergessen wir, daß unsere Wirbelsäule viel mehr unterschiedliche Bewegungen braucht. Bewegungen, die sich nicht nur auf bestimmte Stellen beziehen und andere erstarren lassen. Wenn ich mich immer nur aufrecht zu halten versuche, wird mein Rücken steif oder tut weh. Ein solches anstrengendes und stetiges Selbständig- beziehungsweise Ständig-man-selbst-Sein, das nie in eine tiefe Verbeugung, einen Katzenbuckel, eine islamische Gebetshaltung oder in ein Nach-unten-hängen-Lassen des Oberkörpers samt Kopf und Armen übergeht, macht später einmal der Wirbelsäule und dem Rücken Probleme. Wovor man sich verneigt, das kann sich jeder selbst aussuchen. Aber es ist gut, wenn man's manchmal tut.

Die Zauberin sagt zum Zauberer nicht: »Halt dich gerade« oder »Laß dich nicht hängen«. Sie macht mit ihren Daumen die Wirbelsäule und den Rücken beweglich.

Die Hüfte

In den Hüften sind wir besonders empfindlich. Hier befindet sich nämlich die Grenze zwischen Ober- und Unterkörper. Und hier ist auch der Drehpunkt, durch den wir unseren Ober- und Unterkörper selbständig bewegen können.

Früher schnürten sich manche Frauen die Hüfte eng zu, um eine Wespentaille zu bekommen. Wer die Hüften steif hält, bekommt auch einen steifen Gang, und beim Tanzen ist das sowieso hinderlich.

Manche sind in den Hüften kitzlig, aber gerade, wenn sie sanft und gefühlvoll massiert werden, fangen sie an, sich wohl zu fühlen.
Und genau das schafft die Zauberin.

Die Füße

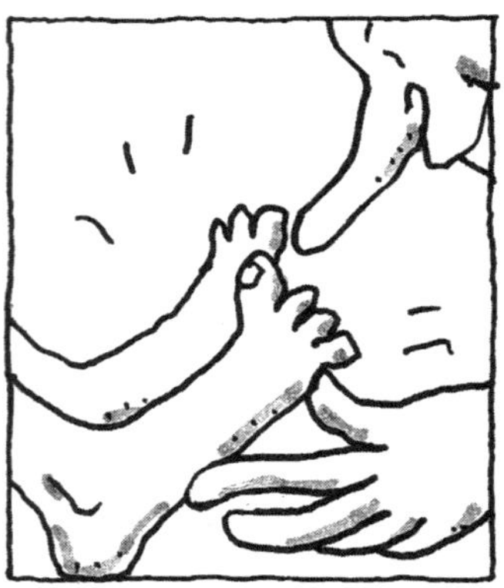

Weil wir so oft mit unseren Kopfgedanken beschäftigt sind, vergessen wir manchmal, daß wir Füße haben. Unsere Füße haben ihre eigenen Bedürfnisse, aber meistens verachten wir sie.

Unsere Füße sind auch zum Fühlen da, und dazu müssen sie Gelegenheit bekommen. Eigentlich wollen die Füße so frei sein wie die Hände. Es gibt Handschuhe und Fußschuhe; aber habt ihr schon mal Handschuhe mit hohen Absätzen gesehen?

Mit unseren Füßen können wir auch noch ansatzweise etwas greifen und die Zehen sogar ein wenig spreizen, wenn sie es noch nicht ganz und gar verlernt haben. Wenn sich unsere Füße wohl fühlen, stehen wir auf dem eigenen Wohlgefühl. Und wenn man die Füße durch Kneten und Massieren lebendig macht, so werden auch die Organe im Körper und der ganze Mensch lebendig.

Die Zauberin spielt mit dem Zauberer »Fußreflexzonenmassage«, und danach bekommen auch die Füße Flügel und wollen tanzen.

Sich wie ein Kreisel drehen

Bei der letzten Strophe fassen sich die Kinder, die den Zauberer und die Zauberin spielen, über Kreuz an den Händen. Sie stellen ihre Füße dicht ineinander, strecken die Arme und lehnen sich dann nach hinten. Jetzt fangen sie zuerst langsam und dann immer schneller an, sich zu drehen. Sie wirbeln dann herum wie ein Mühlrad oder ein Kreisel.

Wie die Zauberin ihre Hände locker, warm und einfühlsam macht – oder: Übungen für Zauberhände

Hände schütteln (nach unten)

Die Zauberin schüttelt alles Starre, alles Ungeschickte und Gefühllose aus ihren Händen heraus. Die Hände beziehungsweise die Finger werden ausgeschnickt und ausgewackelt, als wären sie wildgewordene Spaghetti.

Hände wackeln und Hände flimmern

Die Hände wandern nach oben, dem Himmel zu. Sie wackeln und flimmern wie beim Wackelhandklatschen und holen sich Zauberenergie aus dem Himmelsblau.

Hände warm machen – Kniereibling

Die Zauberin legt die Handflächen so zwischen die Kniegelenke, daß sich die Handflächen berühren. Dabei winkelt sie die Knie etwas an und drückt mit ihnen auf die Handrücken. Die Hände bewegen sich nicht selbsttätig, sondern werden durch die Kniegelenke bewegt. Mit jeder Bewegung der Kniegelenke entsteht Wärme in den Handflächen.

Hände einschwingen

Die Hände lösen sich von den Kniegelenken und schwingen nach oben, bis sie mit leicht gestreckten Armen etwa Brusthöhe erreicht haben. Dann werden die locker gehaltenen Hände bis vors Gesicht gezogen und sinken dann am Körper entlang sachte nach unten. Beim Heben der Arme wird eingeatmet, beim Hinabsenken ausgeatmet. Diese Bewegung sollte von unten aus dem Körper herauskommen. Die Hände sind zuerst unten zwischen den Knien. Ihr Aufsteigen bewirkt, daß die Energie im ganzen Körper aufsteigt und dann wieder sinkt. Diese Übung wird mindestens dreimal hintereinander gemacht.

Handbewegungen vor dem Auflegen auf den Körper des Zauberers

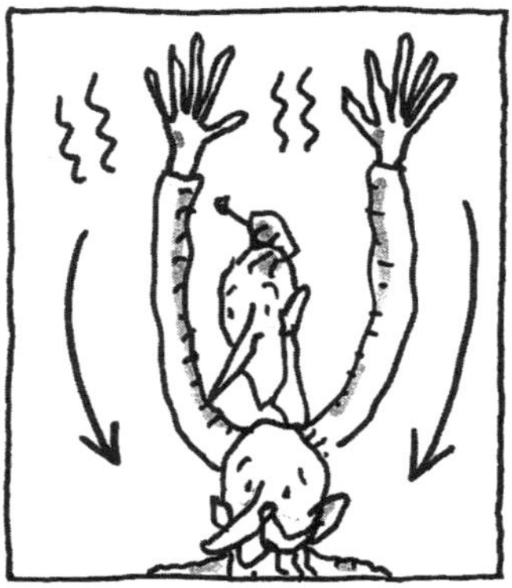

Strophe 1:
Wackelhände oben, dann die Hände geradlinig auf den Kopf sinken lassen

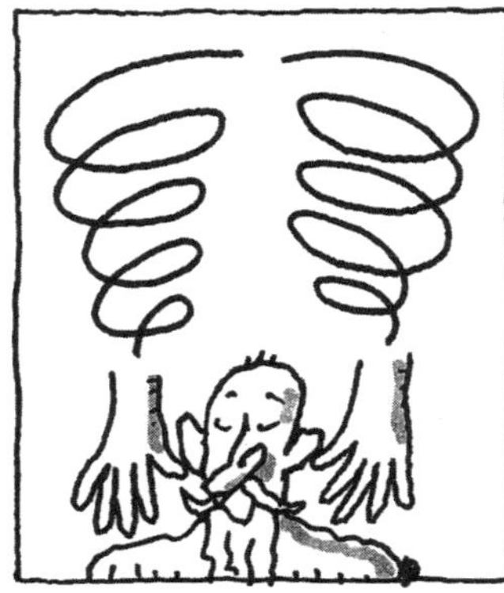

Strophe 2:
Spiralbewegung der Hände nach unten

Strophe 3:
Wellenbewegung der Hände nach unten

Strophe 4:
Arme aufwärts gestreckt, Hände geschlossen. Nur die Daumen – als Zauberwerkzeuge – zeigen nach oben. Dann sinken sie im Bogen hinab, bevor sie im Nakken des Zauberers aufsetzen.

Strophe 5:
Die Arme sind zur Seite gestreckt. Daumen und Zeigefinger bilden jeweils eine Zange. Dann bewegen sich die Hände auf die Hüften zu. Sie kneifen jedoch nicht, sondern sie berühren und massieren die Hüften. Wichtig ist, daß der Zauberer kundtut, wie er die Berührung empfindet, beziehungsweise, wie er sie haben möchte!

Strophe 6:
Die Arme sind zuerst nach oben gestreckt. Die Hände sinken dann langsam auf die Füße hinab.

Der Baum und der Junge – Eine Rückenmassagegeschichte

(Was in dieser Geschichte erzählt wird, wird beim Massieren durch die Hände angedeutet.)

Es war einmal vor langer, langer Zeit ... ein weites, weites Land. Da gab es viele Wiesen und Felder, und die Wolken zogen über dieses Land hin. Von Norden nach Süden und von Osten nach Westen .... Und da gab es auch eine Wiese, in der das Gras wuchs und Käfer krabbelten und kribbelten und krubbelten und kräbbelten ... und in der Maulwürfe den Grund umwühlten .... Und mitten in der Wiese wuchs ein Baum, ein hoher Baum .... In dem Stamm stiegen die Säfte empor ..., und manchmal krabbelte ein Käfer die Borke entlang ..., und einmal ringelte sich auch eine schöne, geschmeidige Schlange um den Baum nach oben .... Der Baum hatte große, starke Äste. Manchmal bewegten sich die Äste wie Flügel ganz leicht, und manchmal wehte der Wind so heftig, daß die Äste wackelten .... Und manchmal regnete es den ganzen Tag und machte alle Blätter naß .... Doch dann schien die Sonne wieder und schickte ihre warmen Strahlen zur Erde .... Und da war ein kleiner Junge, der kletterte langsam auf den Baum hinauf und rutschte an seinem Stamm wieder hinunter. Das tat er mehrere Male, mal schnell und mal langsam, bis er müde geworden war .... Deshalb legte er sich unter den Baum. Es war ihm ganz egal, daß die Maulwürfe weiterwühlten .... Er schlief ein und träumte, daß er an dem Stamm hinaufrutschte und daß der Baum ein Vogel wurde, der mit mächtigen Schwingen davonflog, und er flog davon über die Felder und Wiesen und durch die Wolken, die von Norden nach Süden und von Osten nach Westen zogen ...

Und wenn ihn nicht eine kleine Ameise gekniffen hätte und er quer durch die Wiese davongelaufen wäre, läge er heute noch da und träumte.

Ich stehe fest und fühl' mich leicht

(Gleichgewichtsübungen)

Fortanella Pinkerneil oder: Vom Balancieren

Fortanella Pinkerneil ist Seiltänzerin. Aber sie braucht keinen großen Zirkus, keine große Manege und kein großes Publikum. Fortanella Pinkerneil ist nämlich Weltmeisterin im Balancieren. Sie balanciert mit ausgebreiteten Armen und setzt langsam einen Fuß vor den anderen. Es wird immer wieder gefährlich. Todesmutig verliert Fortanella Pinkerneil ihr Gleichgewicht. Aber nicht ganz. Wenn man sie schon fallen sieht, fängt sie sich im allerletzten Augenblick auf und kommt wieder ins Gleichgewicht. Vielleicht ist ihr Seil über eine tiefe Schlucht gespannt oder zwischen zwei Wolkenkratzern. Fortanella Pinkerneil schafft es immer wieder, auf dem Seil das Gleichgewicht zu finden. Mit jedem Schritt begibt sie sich in eine neue Gefahr, und ... fängt sich wieder auf. Aber wenn sie dann stehenbleibt und sich verneigt, ist jeder verwundert. Es ist nämlich gar kein Seil da, und auch keine Wolkenkratzer. Fortanella steht mit beiden Beinen auf der Erde. Sie hat einfach so ein hohes Seil und einen tiefen Abgrund – und eine Menge Zirkusluft – gezaubert.

Als Fortanella noch ein kleines Mädchen war, hat sie auf allem Möglichen balanciert, zum Beispiel einer Bohnenstange, einem Bindfaden oder einem Gartenschlauch. Dann hat sie gezeigt, wie man auch auf kleinstem Raum balancieren kann. Kaum hat sie ein paar Schritte gemacht, muß sie schon wieder umkehren. Beim Wenden wird es dann gefährlich. Da kommt es dann darauf an, ganz langsam und aufmerksam zu bleiben.

Manchmal balanciert sie auch auf Baumstämmen, auf dem Bordstein oder auf Betonröhren, und das kann sie vorwärts genauso gut wie rückwärts. Das Rückwärtsbalancieren hat sie auf ebener Erde geübt, und zwar ganz langsam.

Natürlich hat sie im Hinterkopf keine Augen. Die Augen haben ihr aber trotzdem geholfen, das Gleichgewicht zu halten. Aber dann hat sie's auch ohne die Augen versucht. Sie hat die Augen einfach zugemacht und wäre fast auf die Nase gefallen. Und das auf ebener Erde. Da hat sie gemerkt, daß es gar nicht so einfach ist, ganz langsam zu gehen und trotzdem sein Gleichgewicht zu halten.

Das Gleichgewicht läßt sich nicht festhalten. Sie muß es loslassen und wieder reinkommen, je nachdem. Wenn sie die Augen zumacht und balanciert, merkt sie, daß es nicht nur ein äußeres Gleichgewicht gibt, bei dem die Augen helfen. Es gibt auch ein inneres Gleichgewicht, das sie ganz stark merkt, wenn die Augen geschlossen sind. Vielleicht muß das, was innen ist, auch gut im Gleichgewicht sein. Fortanella Pinkerneil hat einen Stein auf dem Kopf balanciert oder eine Apfelsine oder ihr Lieblingsbuch oder die Tageszeitung. So lernt sie das langsame Gehen ganz von selbst.

Fortanella Pinkerneil ist größer geworden. Sie kann jetzt auf einem Seil *tanzen*, das die anderen gar nicht sehen, und das kommt ihnen sehr spanisch vor. Aber gerade dann legt Fortanella erst richtig los, und sie tanzt auf ihrem Seil, als wäre sie gerade aus Spanien zurückgekommen ...

Fortanella Pinkerneil

R. Balancieren und probieren,
nicht das Gleichgewicht verlieren.

2. Ein Arm hoch, den andern tief,
bis begeistert jemand rief:
Fortanella Pinkerneil
tanzt Flamenco auf dem Seil!
Olé!

R. Balancieren und probieren,
nicht das Gleichgewicht verlieren.

3. **Rechts** und **links**, wo gar nichts **stand**,
fühln die **Hände** eine **Wand**,
einen **Gang** hoch durch die **Luft**,
bis das **Pub**likum laut **ruft**:
Fortanella **Pinker**neil
tanzt so **schön**,
und ohne **Seil**!
Olé!

Fortanella Pinkerneil – Schritt- und Figurenfolge

Am Anfang werden vier Schritte ausgeführt, und die Arme wandern wie beim Ballettgehen (siehe Watschelgang-Parademarsch) nach oben. Darauf achten, daß das beide Arme tun, nicht nur der vordere. Nach dem ersten Schritt leichte Verzögerung, damit ich mit dem Fuß auf das »geht« komme, bzw. statt des dritten Schrittes zwei kürzere. Dann in die Hände klatschen und aufstampfen: »O (– klatschen) – lé (– stampfen)!«, wenn sich die Arme mit dem Olé-Ruf öffnen. Wichtig sind die Armöffnung und der Olé-Ruf, Klatschen und Stampfen können auch später dazukommen. Dann folgt der Kehrreim, und das Balancieren über dem gefährlichen Abgrund geht los:

Erste Figur, »Matadór«

Beim Balancieren wandern die beiden locker und parallel gehaltenen Hände vor dem Körper nach oben. Am Ende der ersten Zeile dieser Strophe (»Matadór«) sind die Hände ganz oben und der Körper ist gestreckt, am Ende der zweiten sind sie wieder unten und am Ende der dritten wieder ganz oben (»ich steh« – kurze Pause; *Standbild*). Mit der vierten Zeile gehen sie nur auf die halbe Höhe hinunter, damit das »Olé« in der Bewegung seinen Platz hat. – Ausführung wie oben.
Refrain: Balancieren.

Zweite Figur, »Flamenco«

Die rechte und die linke Hand wandern hinter dem Rücken abwechselnd auf und ab. Zuerst wandert die rechte Hand nach oben und die linke nach unten. Es ist, als würde die nach oben wandernde Hand auch das Gesicht nach oben ziehen. Wenn der rechte Arm oben ist, schaue ich nach links und umgekehrt. Wenn die Hände in die Hoch- bzw. Tieflage kommen, haben die Finger eine spezielle Haltung: Der Mittelfinger zeigt gestreckt nach unten bzw. oben. Die übrigen Finger werden etwas lockerer zur Seite gestreckt. Wann die rechte bzw. die linke Hand oben ist, wird im Text durch Pfeile angedeutet.

Dritte Figur, »Wand in der Luft«

Mit beiden jeweils nach rechts oder links gerichteten Handflächen fühlt Fortanella in der Luft eine Wand. Die Hände sind locker. Die Handflächen werden erst gestreckt, wenn sie in der Luft die Wand fühlen. Wann sie rechts bzw. links die Wand fühlen, **ist im Text angezeigt**.

Die Hände beginnen mit der rechten Seite. Dabei wird jedoch der *linke* Fuß vorgesetzt, damit ich nicht in den Paßgang gerate. Es ist sowieso schon schwer, das Gleichgewicht bei dieser Figur zu halten. Deshalb dürfen die Arme auch nicht zu weit nach außen gestreckt werden. Die Ellenbogen sollten vielmehr locker nach unten hängen. Am besten gelingt diese Figur als Pantomime, wenn die Zuschauer den Eindruck haben, da steht wirklich eine Wand, die sie nur nicht sehen. Die Bewegungen zu den beiden letzten vier Zeilen sind dieselben, wie zu den ersten vier Zeilen (Ballettgehen und Olé-Bewegung).

Fortanellas Lieblingsstein

Er ist ein Stein wie viele andere.
Aber sie sagt, genau den gleichen Stein gibt es kein
einziges Mal mehr auf der ganzen Welt.
Sie legt ihn auf die rechte Schulter und geht …
Sie legt ihn auf die linke Schulter und geht zurück …
Der Stein liegt, wo er liegt.
Sie legt ihn auf den Kopf,
dreht den Kopf vorsichtig im Kreis …
Sie neigt den Kopf nach hinten
und verneigt sich nach vorn, ganz vorsichtig …
Der Stein liegt, wo er liegt.
Sie legt den Stein auf ihren Handrücken,
zieht die Hand weg und fängt den Stein auf …
Der Stein liegt, wo er liegt.
Sie legt den Stein auf ihre Stirn,
breitet die Arme aus und balanciert auf einem Bein …
Mit dem Stein auf der Stirn
macht sie einen kleinen Spaziergang …
Der Stein ist leicht, doch sie spürt sein Gewicht,
und wenn sie die Augen schließt, sein Gesicht,
das sich an ihre Stirn anschmiegt,
ihr Lieblingsstein liegt, wo er liegt.

Händeschieben auf einem Bein

Beide Kinder stehen sich auf einem Bein gegenüber. Sie legen die Handflächen aneinander. Eins fängt an, zu drücken. Das andere leitet das Drükken ab. Dann drückt es selber. Es kann auch mit beiden Händen gedrückt werden. Dabei entstehen Bewegungen wie beim Tanzen.

Beide Kinder sollen versuchen, sich möglichst lange auf einem Bein zu halten. Eine Geschicklichkeitsübung für zwei, die in einer schwierigen Situation etwas zusammen machen wollen.

Festhalten ist nicht erlaubt. Wer zuerst das zweite Bein zum Stehen braucht, hat zwar das einbeinige Gleichgewicht verloren, aber er gibt auch das Signal zum Ausruhen, und das ist für beide gut. Bei dieser Übung sollte auch mal das Standbein gewechselt werden. Sonst wird es zu anstrengend.

Gleichgewicht

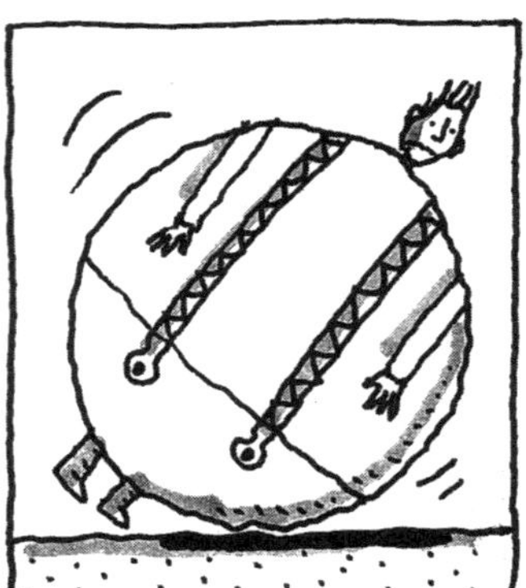

Wenn ich immer nur mein Gleichgewicht
festhalten will,
bewege ich mich nicht oder falle auf den Hintern.
Wenn ich nicht auf das Gleichgewicht achte,
falle ich auf die Nase.
Wenn ich zu wenig oder zu viel esse,
komme ich aus dem Gleichgewicht.
Wenn der eine Teil der Erde zu viel frißt,
und der andere zu wenig,
kommt die Erde aus dem Gleichgewicht.
Wer zu schwer ist,
wird von seinem eigenen Schwerpunkt gefangen.

Ich bewege mich und bin beweglich

Wie der kleine König eine Ente werden wollte und mit Zeit belohnt wurde

Es war einmal ein König, der war sehr klein, aber ein richtiger König. Er hatte ein schönes Bett, schöne Schnallenschuhe, eine schöne Krone und ein schönes Schloß. Alles war sehr schön, doch der kleine König wurde trotzdem nie richtig froh. Er mußte nämlich vieles tun, was er gar nicht tun wollte: Er mußte aufstehen, wenn er gar nicht aufstehen wollte. Er mußte eine enge Hose und Schnallenschuhe anziehen, die er gar nicht anziehen wollte. Und er mußte eine Königskrone tragen, auch, wenn er Kopfschmerzen hatte. Da bekam der kleine König eine große Wut. Und er hätte am liebsten laut losgeschrien, mit den Ellenbogen um sich gestoßen, mit den Händen geboxt und mit den Füßen getreten. Aber er mußte ja immer ein würdevolles Königsgesicht machen, besonders, wenn sich seine Untertanen tief vor ihm verneigten.

Wenn das so weitergeht, werde ich noch eine lahme Ente, sagte der kleine König einmal und schaute auf die Enten im Schloßteich. Aber die Enten waren gar nicht lahm. Sie schnatterten durcheinander, wie ihnen der Schnabel gewachsen war. Sie steckten den Kopf ins Wasser und schütteten sich beim Wiederauftauchen mit dem Schnabel eine Fuhre Wassertropfen auf den Rücken. Sie richteten sich im Wasser hoch auf und schlugen mit den Flügeln. Sie wackelten fröhlich mit dem Hinterteil und schwammen in kleinen Kreisen durcheinander, als wollten sie Walzer tanzen.

Eines Nachts träumte der kleine König, er wäre in den Ententeich gefallen. Und niemand wollte ihm helfen. Kein Diener war da und seine Soldaten erst recht nicht. Und rundherum saßen die bösen Geister und lachten ihn aus. Da schüttelte sich der kleine König, fing lauter als alle Enten zu quaken und zu quäkeln an, haute mit kräftigen Armen aufs Wasser und paddelte auf die bösen Geister zu, daß sie flüchteten … und als er am nächsten Morgen aufwachte, war er so unternehmungslustig wie selten zuvor.

Der kleine König

R.:Das ist der kleine König,
der freut sich gar nicht wenig,
wenn er aus seinen Träumen schwebt
und ausprobiert, was alles geht.

2. Und dann fängt er zu brabbeln an,
ein Kauderwelsch, was er nur kann.
Er brabbelt kreuz und quer und gern
als wär er von 'nem andern Stern.
R.: Das ist der kleine König …

3. Horch, horch, ist das die Geisterbahn?
Die bösen Geister rücken an!
Zack, peng den Ellenbogen hin,
das trifft die Geister unterm Kinn.
Uäh, uäh, uäh, uäh,
uäh, uäh, uäh, uäh!
R.: Das ist der kleine König …

4. Von vorne gehn sie auf ihn zu,
der kleine König wird Kung Fu.
Nach links und pau, nach rechts und pau,
trifft er die Geister ganz genau.
8x: Pau!
R.: Das ist der kleine König …

5. Die Wut fährt in die Beine rein,
er kämpft und wehrt sich ganz allein.
Nach rechts ein Tritt, nach links ein Tritt,
die bösen Geister kriegen was mit.
8x: Tssa!
R.: Das ist der kleine König …

6. Die Geister sind auf und davon,
der kleine König wird King Kong.
Auf seine stolze Siegerbrust,
da trommelt er sich voller Lust.
Uaaah!
R.: Das ist der kleine König,
der freut sich gar nicht wenig,
wenn er aus seinen Träumen schwebt
und ausprobiert, was alles geht.
(Ende ohne Drehbewegung)
(Ende mit Drehbewegung:)
R.: Das ist der kleine König,
der freut sich gar nicht wenig,
und wenn er nicht mehr weiter kann,
fängt er noch mal von vorne an.

7. Dann dreht er sich im Kreise um,
wird immer schneller, fällt nicht um,
schnell wie der Wind, der weht
der den Propeller dreht.
R.: Das ist der kleine König,
der freut sich gar nicht wenig,
und wenn er nicht mehr weiter kann,
fängt er noch mal von vorne an.

Bewegungsfolge im Kehrreim und in den ersten zwei Strophen

Jeweils zu Beginn des Kehrreims die Arme seitlich schräg nach oben strecken. (Das ist eine Aufmerksamkeitsgebärde für die Kinder. Wenn schließlich alle die Arme oben haben, kann es weitergehen.) Dann werden die flachen Hände mit gestreckten Fingern und den Handflächen nach vorn über Kreuz aneinandergelegt und sich selbst, mit den Fingern nach oben, auf den Kopf gesetzt.

1. *Schütteln*
   Rütteln und Schütteln ist ein einfaches Mittel, um locker und leicht zu werden.
   Es ist schneller als das Gähnen und Räkeln.
   Es ist wie ein Hecheln mit dem ganzen Körper.
   Man kann sich wild schütteln, als würde einen der Teufel reiten.
   Aber ich kann mich auch sanft schütteln, so als würde mein Körper selbst Spaß an der Schüttelbewegung finden …
   Nach dem Aufstehen, am Morgen, kann man es am besten ausprobieren.

2. Die Finger der rechten und der linken Hand bewegen sich abwechselnd nach links und rechts außen, als würden sie durch diese Bewegung das »Gibberisch« aus dem Mund herausziehen. Die Finger bewegen sich dabei, als würden sie den eigenartigen Lautfolgen zu Form und Artikulation verhelfen.

»Gibberisch«

Wir alle haben das schon einmal gekonnt. Und es hat uns einen Riesenspaß gemacht, obwohl wir noch ganz winzig waren. Es wird »Lallphase« genannt, aber das ist eine glatte Untertreibung. Suahelische Knacklaute, arabische Rachenlaute, Schnalz-, Prust- und Rülpslaute, Krähen, Quiek- und Knarrlaute kommen darin vor. Zum Teil Laute, die wir später, als wir eine ordentliche Sprache lernten, nicht mehr verwendeten bzw. verwenden durften.

Mit der Sprache brachte man uns Denken, Beurteilen, Beschreiben, Moral, Religion, Schimpfen und Fluchen bei, und natürlich auch, daß alles seine Grenzen hat. Und Grenzen engen ein. Und dann gab es vor langer Zeit im Orient einen komischen Mann, einen verrückten Heiligen, der aber sehr konsequent war. Er redete, aber er gebrauchte keine Worte, keine Begriffe und Begriffssysteme, keine Aufforderungen, Wertungen und Urteile. Er gebrauchte seine Stimme und brabbelte. Brabbelte drauflos und hörte so schnell nicht wieder auf. Das klingt einfach, ist es aber nur zum Teil.

Wenn man Angst davor hat, für verrückt gehalten zu werden, ist es sehr schwer. In diesem nur scheinbar verrückten Gebrabbel muß man nämlich zeigen, wie man wirklich ist. Man kann die Sprache und all die gängigen Redewendungen nicht benutzen, um sich selbst in ein günstiges Licht zu stellen, von sich selbst abzulenken oder etwas zu verschleiern. Je größer die eigene wirkliche (also nicht die zur Schau gestellte) Selbstsicherheit ist, desto leichter kommt man ins Gibberisch hinein. – Dieser Mann hieß übrigens Jabbar, und er war ein islamischer Mystiker, ein Sufi. – Auch für Kinder ist es manchmal schwierig, ins Gibberisch hineinzukommen.

Aufgrund von Leistungs- und Ordnungszwängen, die meist sprachlich vermittelt sind, stehen sie dem Gibberisch oft mißtrauisch gegenüber. Dabei konnten sie es einmal so gut.
Aber schnell kommen sie auch wieder in Quatschlaune und können ihrer eigenen Sprachphantasie freien Lauf lassen, zumal ja das Gibberisch eine Urform aller Nonsenspoesie darstellt und Jabbar als der Urvater aller Nonsenspoeten angesehen werden kann.
So sind denn auch Abzählverse, lautmalerische Rhythmusformeln, Anagramme, Nonsensverse und alle sprachspielerischen Texte, in denen Sprache (Laute, Buchstaben, Wörter, Sätze und Texte) durcheinandergewirbelt und -geschüttelt werden, mit dem Gibberisch verwandt. Aber nur indirekt, denn das Gibberisch hatte im Verständnis von Jabbar einen tiefen religiösen Sinn. Er sagte: Mit den eng begrenzten und festgelegten Worten der Menschen kann man Gott (bzw. der göttlichen Urkraft) nicht nahe kom-

men. Man kann es nur, wenn man aus der Sprache aussteigt, und der Weg dazu ist das Gibberisch. Da kommt dann all das raus, was mit der normalen Sprache nicht gesagt werden kann. Und damit nähert man sich an das Unsagbare an. Es ist also eine Art von Brabbelmeditation, in der die Sprache absichtlich ver-rückt wird.
Natürlich können da Ähnlichkeiten mit Sprachen entstehen, die man schon einmal gehört hat oder für die man eine oft nicht erklärbare innere Empfindung hat, sei's Türkisch, Arabisch, Russisch oder Suaheli. Alles mögliche kann im Gibberisch aufklingen. Man redet, als käme man aus einem fremden Land dieser Erde oder von einem anderen Stern. So wie der kleine König.

Wie der kleine König kämpft

– mit den Ellenbogen nach hinten stoßen

Die Wucht der Stöße kommt aus dem ganzen Körper bzw. dem Becken. Die Arme sollen sich nicht verselbständigen, nicht aufklappen. Das Becken schwingt jeweils mit in die Stoßrichtung, und ebenfalls der Kopf, um zu sehen, wohin ich stoße. Schulterbreiter Stand und federnde Knie geben der Handlung ihr Fundament. Die Stimme trägt mit einschüchternden und stoßartigen Kraftlauten zum Gelingen der Handlung bei (Uäh–…uäh–…uäh–!).

– mit den Fäusten nach vorn schlagen

Jetzt kommt die Gefahr von vorn, und ich gehe mehr in die Knie. Es kommt auf konzentriertes, energisches und zielsicheres Boxen an. Mit der rechten Faust schlage ich nach links zu. Dabei lege ich meinen linken Arm schützend vor Kinn und Brust. Dann wechseln sich die beiden Arme in ihrer Funktion ab. Die linke schlägt, die rechte Hand bzw. der Arm schützt.

Diese Bewegung erfordert also nicht nur Schlagkraft, sondern auch Geschicklichkeit, die die Kinder erst lernen müssen. Es ist eine wichtige Übung zum Funktionswechsel zwischen rechter und linker Hand. Damit der Schlag auch wirklich kraftbetont kommt, sollte das Becken zusammen mit der Faust nach vorne schnellen. Wird das Becken dagegen ängstlich

zurückgezogen, verliert der Schlag seine Kraft bzw. der Kämpfer ist nicht ganz bei der Sache und in gewisser Weise gespalten. Die Arme schlagen zwar zu. Aber der Unterleib möchte sich am liebsten heraushalten und fliehen.
– Die Stimme unterstützt wieder die Schläge (Pau...pau...pau!).

– mit den Füßen austreten

Die Energie soll nicht herausgeboxt bzw. herausgetreten werden. Beim Boxen äußert sich das in tendenziell kreisförmigen, schwingenden Bewegungen. Und auch beim Treten sollte man mit dem Fuß nicht so zustoßen, daß man nach vorne oder zur Seite fällt. Der Fußtritt sollte gezielt und locker zugleich sein, so, als ob man sich einen Schuh abschüttelte. Das Zurückziehen muß dabei wie von selbst kommen. Es kommt nicht darauf an, mit einem Schlag alles zu beenden. Vielmehr wird die Energie ausgesandt und zurückgeholt, damit sie nicht verlorengeht.
Vor dem Treten streiche ich mit meinen beiden Händen die Beine auf und ab, denn sie sind keine Stützen oder tote Kampfinstrumente, sondern lebendige und mitfühlende Teile meines Körpers. (Was oft vergessen wird.) Erst durch diese *Behandlung* bekommen sie die notwendige Geschmeidigkeit und Vitalität.
– Unterstützende Kampfrufe (Tsssa...tsssa...tsaaa!).

6. Strophe – Der kleine König macht sich groß wie King Kong, reckt seine Arme, zeigt seine Muskeln und trommelt sich unterhalb vom Schlüsselbein auf die Brust. Das aktiviert die Thymusdrüse und gibt auf diesem Weg zusätzliche Kraft und Vitalität. Dazu der Gorillaschrei: Uaaah!

(Ende mit Drehbewegung:)

7. Strophe – Der kleine König breitet die Arme aus und dreht sich im Kreis herum. Damit sollte man langsam beginnen und erst dann das Tempo steigern.
Dadurch kommt man in einen ganz besonderen Zustand, den Kinder besonders lieben. Alle Dinge fliegen plötzlich um einen herum. Die Welt dreht sich im Freudentaumel, bis der kleine König ins Gras fällt.

Im selben Augenblick – eine Bewegungsgeschichte

Einmal ging ich in eine Stadt.
Da stand ein Mann, der machte so ... *(abweisende Geste nach drei Seiten)*, und ich machte nichts und ging weiter.
Da stand eine Frau, die machte so ... (erhobener Zeigefinger), und ich machte nichts und ging weiter.
Da stand ein Mann, der machte so ... *(Ich-weiß-nicht-Geste)*, und ich machte nichts und ging weiter.
Da stand ich plötzlich vor einer Glasscheibe.
Und hinter der Scheibe stand ein Mann, der machte nichts.
Der stand nur da und schaute mich an.
Nanu, dachte ich. Der macht ja nichts, und ich kratzte mich am Kopf.
Aber im gleichen Augenblick kratzte sich der Mann auch am Kopf. *(die Bewegung jeweils mit der rechten und der linken Hand machen)*
Gibt's denn so was? sagte ich und stützte mein Kinn auf die Hand.
Im selben Augenblick stützte der Mann sein Kinn auf die Hand. *(linke und rechte Hand abwechselnd)*
So was gibt's doch nicht, sagte ich und stützte meine Hand in die Hüfte.
Im selben Augenblick stützte er seine Hand in die Hüfte! *(linke und rechte Hand abwechseln)*
Hör auf, mich nachzumachen, sagte ich und drohte mit dem Zeigefinger.
Im selben Augenblick drohte er mir mit dem Zeigefinger. *(linken und rechten Zeigefinger abwechseln)*

... – NA KLAR: Ich stand vor einem Spiegel!!

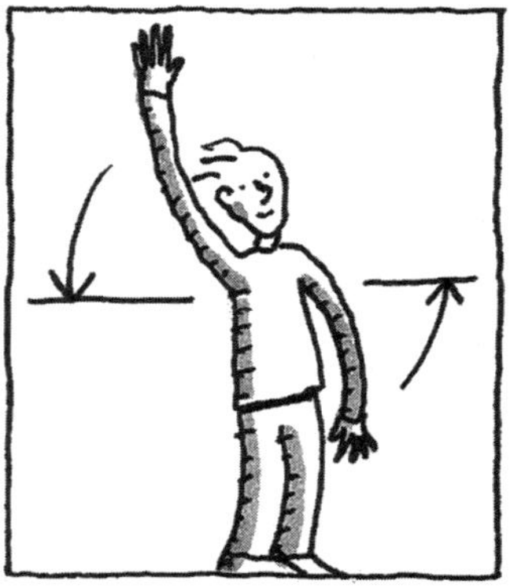

Und jetzt machen wir's so: Ich stehe vor dem Spiegel und ihr steht im Spiegel: (Ruhig werden ... bis guter Blickkontakt und Bewegungsbereitschaft da sind.)

Die Arme hängen locker und sind leicht angewinkelt. Dann wandert der rechte Arm langsam über die Seite nach oben (warten, bis alle Kinder die Bewegung mitbekommen). Die Hand hängt zunächst locker nach unten. Oben angekommen, wird die Hand nach links geklappt, so daß die Handinnenfläche nach oben zeigt. Dann klappt die Hand nach vorn und fängt an zu winken. Während der rechte Arm in derselben Bewegung auf Schulterhöhe zurücksinkt, steigt der linke Arm nach oben, so daß beide Arme eine Linie bilden. Dabei zeigen die Handinnenflächen nach außen, und die Finger zeigen nach oben.

Jetzt wandern beide Arme locker gestreckt nach vorn bzw. in entsprechendem Abstand vor mein Gesicht. Während dessen zeigen die Handflächen weiter nach außen, die Finger nach oben. Die Arme wandern jetzt nach oben, so daß sich die Handrücken berühren. Dabei wird der Mittelfinger gestreckt, so daß die Haltung »Matadór« (siehe S. 54) entsteht. Dann wandern beide Arme wieder nach außen und im großen Bogen nach unten. Die Hände kreisen vor dem Körper aufeinander zu, und die Handinnenflächen werden aufeinander gelegt. Jetzt verneige ich mich in dieser Gebetshaltung.

Dann richte ich mich auf und führe die aufeinandergelegten Hände nach oben, öffne die Arme, lasse sie jeweils im Bogen seitlich am Körper hinabsinken, klatsche in die Hände, stampfe mit dem Fuß. Die Übung ist zu Ende.

Tai Chi Wiese

Mit den Fußsohlen die eigene Mitte finden

oder: Übung für die Bushaltestelle / Verständiges Stehen / ein Stelldichein mit dem eigenen Stehen.

Beim Stehen brauche ich nicht stehenzubleiben. So, als ob ich mich nicht bewege und nichts mich bewegt. Nein, nicht mit den Armen schlenkern. Es geht auch anders. Schließlich habe ich auch meine Fußgelenke. Die Füße sind gut schulterbreit versetzt, damit ich breit und sicher stehe. Mit Hilfe der Fußgelenke kann ich den Körper nach allen Seiten pendeln lassen. Da merke ich, wie sich mein Becken und mein Bauch bewegen. Und mit ihnen die Beine und mein Oberkörper. Was ich hier mache, kann ich auch mit geschlossenen Augen tun. Vielleicht ist es dann sogar noch schöner. Die Fußgelenke sind wunderlich beweglich. Das merke ich gerade jetzt. Wenn ich mich so in den Fußgelenken bewege, bewegt sich mein ganzer Körper mit. Und dabei verlagere ich mein Gewicht. Auch der Schwerpunkt pendelt und kreist. Das ist nicht nur eine Vorstellung. Ich spüre es ganz deutlich in meinen Fußsohlen. Ich kann mein Gewicht so verlagern, daß ich die Fersen spüre

oder die Fußkanten …
oder die Ballen …
oder die Zehen …

Wenn ich meinen Schwerpunkt zu schnell und zu weit verlagere, spüre ich nicht viel von den Fersen, Ballen oder Zehen, denn dann komme ich aus dem Gleichgewicht und muß mir genauso schnell neuen Halt suchen. Deshalb ist es gut, wenn ich ganz, ganz langsam an die Grenzen meines Gleichgewichts heranpendele. Dann kann ich auch wirklich die einzelnen Bereiche meiner Fußsohle spüren.

Wenn ich merke, ich komme aus dem Gleichgewicht und kann nichts dagegen tun, kommt Angst hoch. Vielleicht ist es nicht immer dieselbe Angst – wenn ich nach

vorn falle?
oder nach hinten?
oder nach rechts?
oder nach links?

Jetzt fange ich an, mit dem Bauch eine kreisförmige Bewegung zu machen. Wenn ich jetzt vom Bauch in die Fußsohlen spüre, dann merke ich, wie mein Gewicht kreist und auf die Kanten, die Zehen oder die Fersen drückt. Je nach der Kreisbewegung im linken oder im rechten Bein. Zunächst ist der Kreis ausholend und groß. Aber dann lasse ich ihn nach und nach kleiner werden und spüre jetzt mehr den ganzen Bereich der Ballen, die Innenseite der Fersen und schließlich die Mitte der Fußsohlen.
Es ist, als wollte ich mit den Hüften ganz langsam ein Schneckenhaus malen, und die Fußsohlen geben diese langsam einrundende Linienführung an die Erde weiter. Und so finde ich nach und nach in dieser ständigen und zugleich bewegten Mitteilung an die Erde meine eigene Mitte. Wie ein Pendel schwinge ich mich in meine eigene Mitte ein und kann sie jetzt von den Fußsohlen aufwärts im ganzen Körper spüren. Mit dieser schneckenkreisigen Beckenbewegung gebe ich mir außerdem eine Fußsohlenmassage besonderer Art! Und das alles nur, indem ich mit lockeren Füßen dastehe und mich ein wenig bewege …

Schuhe mit dicken Sohlen sind hier sehr hinderlich. Am besten macht man die Übung barfuß oder in Strümpfen.

Sich aus dem Stand nach rückwärts fallen lassen

Aus dem Stand kann ich mich nach rückwärts fallen lassen. Wenn mich jemand auffängt … nicht gleich, sondern im letzten Moment, wird es besonders spannend. Der Auffänger kann Sand sein oder ein Mensch. – Kinder spielen das gerne. Sie lassen sich nach hinten fallen. Mitten ins Bodenlose hinein. Es ist eine Mutprobe und ein Vertrauensbeweis zugleich. Wenn Kinder vertrauen, lassen sie sich mit geradem Körper fallen … bis kurz vor den Boden, und ohne einzuknicken oder doch noch einen ängstlichen Schritt zurückzumachen; kurz vor dem Boden werden sie dann von einem Erwachsenen aufgefangen. Denn aufgefangen werden, gerade, wenn es schon sehr spät ist, das ist etwas Wunderbares …

Langsame Bewegung

- *die Details* der Bewegung während der Bewegung spüren und ins Bewußtsein bringen
- den Verlauf der Bewegung verfolgen
- die Bewegung nicht so sehr machen, als vielmehr zulassen, einem spielerischen Bewegungsimpuls folgen
- unsere Umgebung wahrnehmen, nicht nur Gegenstände bzw. Sichtbares, sondern auch die Luft. Die Luft wie weiches Wasser spüren
- sich vom Raum bewegen lassen

Die davonschwebende Hand

Ich stelle mich schulterbreit entfernt und im rechten Winkel zu einer Wand. Die Arme lasse ich hängen. Dann drücke ich mit dem Handgelenk der rechten Hand mit aller Kraft gegen die Wand – bis ich meine Kraft aufgebraucht habe. Dann trete ich einen Schritt zur Seite und lasse den Arm locker herunterhängen …

Anscheinend ist jetzt eine Kraft da, die meinen Arm emporsteigen läßt. Ein eigenartiges Gefühl. Mein Ich hat nicht beschlossen, diesen Arm aus dem und dem Grund emporsteigen zu lassen. Aber er tut es einfach. Ich kann erschreckt und erstaunt sein. Aber ich kann auch die Bewegung genießen; diese geschieht, ohne daß ich mich in irgendeiner Weise anstrengen muß. Mein Arm folgt nicht, wie in tausend gewohnten Situationen, meinem Willen, sondern ich sehe, wie ein Impuls aus meinem Körper kommt, den ich nicht geplant habe.

Vielleicht lohnt es sich auch sonst, auf solche Impulse aus meinem Körper zu achten; eine Aufmerksamkeit dafür zu entwickeln …. Ich kann die Übung auch machen, wenn ich beide Hände an die Wand drücke und dann beide Arme baumeln lasse. Auch zu zweit geht es: Man macht mit seinen Armen einen Ring um den Partner oder die Partnerin. Die Hände bzw. Finger schließen den Ring, so daß er nicht so schnell aufgedrückt werden kann. Der oder diejenige, die im Ring steht, drückt nun mit ihren Armen gegen die des Partners, bis die Kraft nachläßt. Dann läßt sie die Arme locker nach unten hängen bzw. überläßt die Arme ihrer eigenen Bewegung …
Vielleicht verstehe ich jetzt etwas besser, wie es ist, wenn die Arme sich fast so mühelos in der Luft bewegen, als würden sie im Wasser schwimmen.

Der Baumelbaum

2. Der Huppendupp, der Huppendupp,
der huppt mal hipp mal hopp,
er hüpft mit leichten Füßen,
doch nie höher als sein Kopp.

3. Den Baumelbaum, den Baumelbaum,
den hat der Wind durchweht,
da fliegen seine Äste hoch,
so hoch, wie es nur geht.

4. Das Trampeltier, das Trampeltier,
geht um den Baumelbaum,
legt sich zu seinen Wurzeln hin,
träumt einen Baumeltraum.

Baumelbaum-Übung

Sich mit schulterbreit versetzten Füßen hinstellen. In den Knien locker federn. Mit dem Becken und Knien und Oberkörper nach rechts und nach links drehen. Dabei die Arme locker herunterbaumeln lassen. Es gibt hier keine Bewegung, die aus den Armen selbst kommt. Die Arme und Hände, die gewohnt sind, so viel zu tun, hängen ganz locker herunter und werden nur durch die Bewegung des Beckens bzw. des Oberkörpers bewegt. Die Bewegung kommt von unten, kommt aus dem Bauch. Dies zu spüren, ist der Sinn dieser Übung. (Hüpf- und Windbewegungen nach eigener Wahl)

Das Trampeltier läuft im Rhythmus des Liedes. Es hat ein besonderes Verhältnis zu seinen Füßen. Es mag seine Füße. Es trampelt nicht nur, sondern bringt mit jedem Trampeltritt einen neuen Ton hervor.

Die Wasserpflanze

Unten, unten tief im Meer
wogt und schwingt die große grüne
Wasserpflanze hin und her.
Schwebt nach oben, schwebt nach unten,
zu den Seiten hin und her.
Schwebt wie Vögel langsam fliegen
wie im Traum und tief im Meer.

Manchmal fängt sie tief da unten
einen kleinen Sonnenstrahl,
balanciert ihn auf den Händen,
formt sich einen kleinen Ball,
ganz aus Licht und ganz aus Sonne,
spielt und schwingt ihn hin und her,
wirft ihn fort und läßt ihn fliegen
unten, unten tief im Meer.

Manchmal kommt ein Fisch
geschwommen,
stupst sie mit der Nase an;
langsam zieht sie sich zusammen,
daß man sie kaum sehen kann.
Doch dann wächst sie auch bald wieder,
oben schwimmt ein Schiff vorbei.
Sie schaut auf, sieht einen Taucher
und der guckt, was da wohl sei.

Und dann fängt sie an zu tanzen,
schwingt und dreht sich her und hin.
Er sieht grüne Schlangenarme
von der Tempeltänzerin.
Und sie winkt ihm und verneigt sich,
winkt ihm lange hinterher.
Sie tanzt weiter mit den Fischen
unten, unten tief im Meer.

Sich wie eine Wasserpflanze bewegen

1. Die Wasserpflanze bewegt sich mit dem wogenden Wasser hin und her. Ihre Arme schweben und nehmen die kleinste Bewegung des Wassers auf. Manchmal sind sie auch wie langsame Vogelflügel.
2. Sie fängt sich einen Sonnenstrahl, balanciert ihn auf den Händen, formt sich daraus einen Ball, mit dem sie spielt, den sie dann aber wieder fortwirft bzw. ihn davonfliegen läßt.
3. Ein Fisch kommt angeschwommen und stupst die Wasserpflanze mit der Nase an. Jetzt bewegt sie sich nur noch – so weit sie kann in die Richtung, in die sie der Fisch gestupst hat. (Der Fisch kann sie mehrere Male stupsen.) Sie zieht sich zusammen und wird dann wieder größer.
4. Ein Taucher kommt angeschwommen. Sie sieht ihn und er sieht sie (durch die Taucherbrille, die man gut mit den Händen nachahmen kann!). Ihre Arme schlängeln nach oben. Sie bewegt sich in den Hüften. Sie winkt ihm mit sanften Bewegungen nach, als er davonschwimmt.

Mit den Füßen fühlen

Wir haben an den Füßen keine Augen und keine Ohren, sondern Strümpfe und Schuhe. Aber wir können mit den Füßen auch fühlen, sehr gut sogar: warm und kalt, glatt und rauh, Gras und Sand, Steinchen und Stöckchen, trocken und naß. Das alles können die Füße fühlen. Am besten natürlich, wenn sie barfuß sind.

Mit Schuhen ist es schwierig zu fühlen. Und mit manchen Schuhen besonders. Manche sehen aus wie sportlich aufgemotzte Laufapparate, andere schnüren den Fuß ein und haben dicke Sohlen, mit denen man die Erde nur treten kann. Mit anderen kann frau nur über die Erde stolzieren (Stöckelschuhe).

Unsere Vorfahren und Kollegen im Tierreich, die Affen, können mit ihren Füßen nicht nur fühlen, sondern auch greifen. Sie können sich mit einem Fuß hinter dem Ohr kratzen oder sich an einen Ast hängen. Wir können nur noch ein wenig mit unseren Zehen wackeln, mit ihnen kleine Greifbewegungen machen und sie vielleicht etwas spreizen.

Gerade für die langsamen Bewegungslieder ist es wichtig, daß ich mit den Füßen den Boden fühle. Der Fuß soll der Erde »Guten Tag« sagen und sie immer wieder aufs Neue erkunden. Es ist gut, wenn ich dann Vertrauen zu dem Ort habe, auf dem ich stehe, und Vertrauen zu der Erde habe, die mich trägt. Wenn mir der Boden unter den Füßen brennt, wenn mir der Boden schnurzpiepegal ist oder wenn ich mich mit aller Kraft im Boden festkralle, kann ich wenig Gefühl für meinen Stand und für meinen Standpunkt auf der Erde entwickeln.

Aber meine Vorstellungen können die Gefühle der Füße beflügeln. Ich kann mir vorstellen, ich stehe auf der Erde wie ein Baum. Für den Baum ist der Boden nicht hart, sondern ein Nährboden. So kann ich mich in lebendiger Bewegung in der Erde verwurzeln. Ein anderes Mal stelle ich mir vor, daß es in der Erde sanfte, wellenartige Bewegungen gibt und daß ich diese Bewegungen mit den Füßen spüren kann. Dann ist es so, als würde ich auf einem sanft schwingenden Erdmeer stehen oder darüber gehen. Ich kann hin- und herschwingen, mit meinem Schwerpunkt spielen und meinen Standpunkt auf immer wieder neue Weise erfahren.

Was ich mit den Füßen spüre, bleibt nicht in den Füßen. Es strömt in den ganzen Körper. Bei jeder Fußmassage kann ich das spüren. Das ist etwas ganz anderes, als wenn mir jemand auf den Fuß getreten hat. Nach der Fußmassage stehe ich mit lebendig warmen Füßen da. Und solche Füße braucht der Sommerwolkenzauberer.

Der Sommerwolkenzauberer

Was macht der da, der Sommerwolkenzauberer?
Ist das ein … Zeitlupenballett?
Ist das eine … Schneckengymnastik?
Ist das ein … langsamer Walzer für Windmühlen?
Ist das ein … Schattenboxen für Leute mit viel Zeit?

Ist das ein ... Wasserpflanzenreigen?
Ist das ein ... Seetangtango?
oder einfach ein Schwimmen in der Luft?

Der Sommerwolkenzauberer ist ein Zauberer und ein Tänzer zugleich. Wenn er tanzt, zaubert er, und wenn er zaubert, tanzt er.

Zuerst sieht es so aus, als würde er nur mit den Fingern zaubern. Denn da, wo er seine Finger bewegt, entstehen Wolken. Aber das wäre dem Sommerwolkenzauberer viel zu anstrengend, wenn er alles nur mit den Fingern machen müßte. Deshalb bewegt er auch seine ... Hände auf eine ganz besondere Art. Es ist, als ob sie die Sommerwolken nach oben ziehen und größer machen, oder lassen sie sich nur von den Sommerwolken nach oben tragen? Aber das wäre dem Sommerwolkenzauberer viel zu anstrengend, wenn nur die Hände das alles machen müßten. Deshalb bewegt er seine ... Arme auf eine ganz besondere Weise. Aber das wäre dem Sommerwolkenzauberer viel zu anstrengend, wenn er das alles nur mit den Armen machen müßte. Deshalb bewegt er auch seine ... Schultern, ganz leicht und locker.

Aber das wäre für den Sommerwolkenzauberer viel zu anstrengend, wenn er das alles nur aus den Schultern heraus machen würde. Das Sommerwolkengefühl kommt nämlich aus der ... Brust und steigt empor aus dem ... Bauch. Die Schultern, die Arme und die Hände heben sich mit diesem Gefühl empor. Und dann entstehen die schönsten Sommerwolken. Eine nach der anderen. Eine auf der anderen. Eine größer als die andere.

Er bewegt natürlich auch die Hüften mit. Denn er tanzt beim Zaubern, und er zaubert beim Tanzen. Er schwingt hin und her, damit die Sommerwolken auch nach rechts und links aufsteigen können. Und dazu federt er in den Knien auf und ab. Der Zauberer hat nicht nur Zauberhände, er hat auch Zauberfüße. Er kann mit seinen Zauberfüßen die Erde wie mit Händen fühlen, und er kann machen, daß sein eigenes Gewicht nicht in den Füßen bleibt, sondern in die Erde abgeleitet wird.

Und die Wolken werden immer größer und ziehen ihn immer mehr nach oben. Aber kurz bevor er mit der allergrößten Wolke davonfliegt, schlägt er mit den eigenen Händen Donner, Blitz und Krach. Die Wolken ballen sich zusammen, und der Zauberer fühlt den Regen in den Wolken, er kitzelt ihn mit seinen Händen hervor, so daß er prasselnd auf die Erde fällt, und mit dem Regen wird der Zauberer klein wie ein Kaninchen. Und holt sich neue Kräfte aus der Erde.

Sommerwolkenhände

Bewegungsfolge

Die Kinder stehen im Kreis, und zwar so weit voneinander entfernt, daß sie ohne Behinderung die Arme ausstrecken können. Die Füße sind schulterbreit versetzt und leicht nach außen gewinkelt. Die Knie sind locker und nicht durchgedrückt.

Mit dem Beginn des Liedes beugen sich die Kinder nach vorn, so daß Arme und Hände dicht über dem Boden hängen bzw. pendeln.

Aus dieser Haltung heraus beschreiben die Arme abwechselnd Kreise vor dem Körper, der sich jeweils leicht nach rechts oder links mitziehen läßt. Mache ich den Kreis mit der rechten Hand, bzw. wird meine Hand nach rechts emporgetragen, so verlagere ich auch mein Gewicht nach rechts bzw. dann entsprechend nach links; die Hände schwingen jeweils aus der Mitte zwischen den Beinen bzw. dann aus der Mitte des Körpers heraus. Die Innenflächen der Hände gehen der Form des Kreises bzw. der Wolke nach. (Dabei die Kreisbewegung möglichst vollständig ausführen.)

Alles dreht sich im Kreis

Kreisläufe

Die Erde kreist um die Sonne.
Der Mond kreist um die Erde.
Als die Menschen noch nicht lange Menschen waren,
beobachteten sie den Kreislauf des Mondes
und fanden Ähnlichkeiten mit ihrem Lebenslauf
und mit ihrem eigenen Körper.
Das Wort Mond steckt in Montag und Monat.
Frühling, Sommer, Herbst und Winter –
die Folge der Jahreszeiten – ein Kreislauf.
Die Erde ist rund.
Das wußten die Menschen früher noch nicht,
weil sie es mit bloßem Auge nicht erkennen konnten.
Aber seit frühesten Zeiten kannten sie den Kreis.

An Sonne, Mond und Sternen lasen sie Kreisbewegungen ab.
Und durch Kreise drückten sie ihre Verbindung
zur Natur und zu Gott aus.
Wenn man nur auf die Außenlinie achtet,
ist ein Kreis der Rand einer Kugel,
aber auch eine Linie,
die sich selbst in den Schwanz beißt.
Ganz früher wurde die Schlange
als heiliges Tier verehrt.
Sie konnte einen Kreis bilden.
Viele Kreise hintereinander bilden eine Röhre.
Ein Punkt, der im Kreis nach oben kreist,
bildet eine Spirale.

Ein Kreis mit nichts drin
ist der Beginn eines Loches.
Löcher, in die Lebewesen krabbeln, nennt man Höhlen.
In den Höhlen tief in der Erde war es oft dunkel und feucht,
da sehnten sich die Menschen danach,
in den Himmel zu kommen
oder wenigstens in der Sonne zu tanzen.
Als die Menschen anfingen, zu tanzen,
tanzten sie im Kreis
oder drehten sich um ihre eigene Achse.
Dann wurde ihnen schlecht,
oder sie bekamen ein höheres Gefühl –
alles drehte sich und flog vorbei …
Sie bekamen einen Tanzrausch oder den Drehwurm.
Oft saßen die Menschen in froher Runde

oder im geselligen Kreis;
es bildeten sich gehobene Kreise
und Kreise, mit denen die gehobenen Kreise
nicht verkehren wollten.
Manchmal wurde am runden Tisch verhandelt.
Einige tanzten auf dem Ball,
andere traten den Ball mit den Füßen.
Ein solider Kreis mit Speichen ist das Rad.
Das Rad dreht sich im Kreis.
Der Uhrzeiger kreist und die Zeit vergeht,
läuft im Kreis, ist ein Kreislauf
und kommt schließlich bei sich selber an.

Kreisen, kreisen

Kreisen, kreisen mit den Armen
kreisen Mond und Sonne mit.
Langsam kreisen mit dem Kopf
tief und traurig bis nach unten ...
seitwärts über eine Schulter
spüre ich die eigne Nähe.
Kopf im Nacken blick' ich staunend
zu dem weiten Himmel hoch
Sonne, Wolken, Mond und Sterne
schau ich in die fernste Ferne
dreh' ich auf der Schulter weiter
und hinab, da ist die Nähe
von der großen runden Erde
die mit mir durch's Weltall fliegt
während ich mit beiden Beinen
und sehr ruhig auf ihr stehe.

Makahim Kajuke

Dm C Dm C Dm
Rrum ba-ga-di-ja, Rrum ba-ga-di-ja, Rrum ba-ga-di-ja, Rrum ba-ga-da.
Dm C Dm C Dm
Rrum ba-ga-di-ja, Rrum ba-ga-dall; fang ich den gros-sen run-den Ball
F Dm F Dm
Rrum Ka-ju ma-ni-ka, Rrum Ka-ju ma-ni-ka,
F Dm C Dm
Rrum Ka-ju ma-ni-ka, Rrum Ka-ju ma-ni;
Dm C Dm
rund ist die Son-ne, und rund ist der Mond, und
Dm C Dm
rund ist die Er-de, auf der der Mensch wohnt, und
Dm C
rund her-um sag' ich es rund her-aus, das
Dm C Dm
Meer hat kein En-de, doch das Lied ist aus.

Ma Kahim Kajuke
Ma Kahim Kajuke
Ma Kahim Kajuke Kaju.

||: Ma ka him Kajuke
es summt und es singt,
und rund ist der Kreis,
den die Hüfte jetzt schwingt. :||

Ma Kahim Kajuke,
Ma Kahim Kajuke,
Ma Kahim Kajuke, Kaju.

Tsche kutu Kutami.
Tsche kutu Kutami.
Tsche kutu Kutami.
Tsche kutu Kuta.

||: Langsam, rund und schwer
und sacht'
mahlt der Mühlstein
Tag und Nacht. :||

Tsche kutu Kutami.
Tsche kutu Kutami.
Tsche kutu Kutami
Tsche kutu Kutana.

2 Rrum bagadija,
Rrum bagadija,
Rrum bagadija,
Rrum bagada.
||: Rrum bagadija,
Rrum bagadall;
fang ich den großen
runden Ball. :||

3 ||: Rrum Kaju manika,
Rrum Kaju manika,
Rrum Kaju manika,
Rrum Kaju mani; :||
rund ist die Sonne,
und rund ist der Mond,
und rund ist die Erde,
auf der der Mensch wohnt,
und rundherum sag' ich es
rundheraus,
das Meer hat kein Ende,
doch das Lied ist aus.

Bewegungsanleitung

Bei diesem Lied ist es auch möglich, sich zunächst einmal nur zur vierten Strophe zu bewegen. Sie enthält die einfachste Bewegung, die auch Kinder sehr schnell mitmachen können.

In diesem Lied kommen verschiedene Kreisbewegungen vor. Zuerst kreist die Hüfte. Es ist eine weibliche Bewegung und wird auch meist von Frauen praktiziert, zum Beispiel im orientalischen Tanz (im Bauchtanz). Aber deswegen ist sie noch lange nicht von den Frauen gepachtet. Die Beweglichkeit der Hüften (bzw. des Beckens) verändert die gesamte Beweglichkeit des Menschen, sein Stehen, Gehen und Laufen, sein Schwimmen, Tanzen und Springen und sogar sein Liegen und Sitzen, und schließlich das Atmen. Und das tun bekanntlich nicht nur Frauen.

Der Bewegungslehrer Moshé Feldenkrais hat langsame, feinfühlige Übungen für die Beweglichkeit des Beckens entwickelt, die im Liegen ausgeführt werden. In der Bioenergetik gibt es spezielle Übungen, die die Beweglichkeit des Beckens fördern. Und das ist in gleicher Weise für Männer und Frauen wichtig. Die Förderung der Beweglichkeit des Beckens kann sich als Heilmittel gegen Rückenschmerzen erweisen.

Vorbewegung

Ich stelle mich mit schulterbreit versetzten Füßen hin und lege die Hände auf die Hüften. Dann lasse ich die Hüften langsam nach rechts und links pendeln. Zuerst mit kleinen, dann mit größer werdenden Pendelbewegungen. Zuerst mit festgestellten Fußgelenken – die Bewegung muß jetzt ganz aus der Hüfte kommen. Mit den Händen kann ich die Bewegung meiner Muskeln und meiner Oberschenkelgelenke spüren.
Dann lasse ich meine Fußgelenke locker und verlagere mein ganzes Gewicht jeweils auf einen Fuß. Ich lasse jetzt die Hüften ausschwingen, auspendeln, und dann erst langsam in den Ruhezustand zurückpendeln.
Ich kann dies sehr schön mit geschlossenen Augen machen; wenn ich mit den Augen Partnerkontakt aufnehme, bin ich schnell bei einer Figur, die zu Beginn vieler Volkstänze vorkommt. Dies kann ich dann auch durch entsprechendes rhythmisches Tönen bzw. Singen grundieren …

Bewegungsfolge

Dann lege ich meine rechte Hand mit auseinandergelegten Fingern quer auf meinen Bauch, so daß ich gut seine Rundung fühlen kann. Die linke Hand lege ich mit den Fingern nach unten auf meinen unteren Rücken und fühle genauso wie mit der rechten hin. – Wie unterschiedlich ich bin – vorn und hinten. Kaum zu glauben. Aber ich kann es ganz genau nachfühlen.

Besonders, wenn ich jetzt anfange, zu der Musik des Liedes mit den Hüften bzw. mit dem Becken zu kreisen. Der kleine Kreis wird im orientalischen Tanz der MONDKREIS und der große der SONNENKREIS genannt. Auf jede Zeile kommt in etwa eine Kreisbewegung.

Ich beginne die Kreisbewegung nach links – hinten. Bei »Kajuke« bin ich dann mit dem Becken vorne. In den Pausen geht die Drehbewegung weiter.

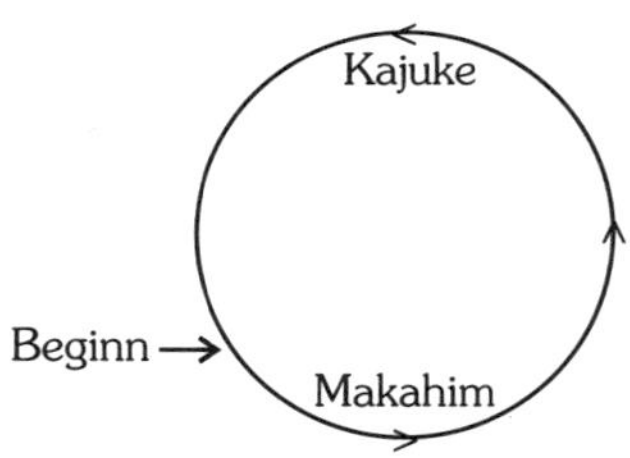

Im zweiten Teil der Strophe hebe ich dazu die Arme nach links und rechts außen und mache mit den Händen kleine Kreisbewegungen nach hinten. Die Arme locker und nicht zu hoch halten, damit es nicht zu anstrengend wird. Wenn Arme und Hände locker im Rhythmus mitschwingen, ist es, als würden Wellen durch die Arme laufen, als bewegten sie sich wie Schlangen. Auch die Schultern sind dabei in ständiger Bewegung.
Um spielerische Bewegung in diese Figur zu bekommen, kann man sie auch mit dem rechten und linken Arm einzeln üben.

Die kreisförmige Bewegung des Beckens ist ein Bewegungskreislauf, d.h. andere Bewegungselemente und Gebärden mit sehr unterschiedlichen Bedeutungen sind in ihr enthalten:

- mit den Hüften wackeln
- das Becken einziehen – den Po herausstrecken
- das Becken vorstrecken – den Po einziehen

2. Strophe

Hier stelle ich den linken Fuß im 45°-Winkel nach außen, die Knie sind leicht gebeugt. Ich hebe Arme und Hände locker angewinkelt nach vorne an – mit den Handflächen nach unten in Brusthöhe. Dann beschreibe ich mit den locker vorgestreckten Armen und Händen eine große Nierenform vor und um meinen Körper. Das Becken dreht sich und schwingt mit, dabei gibt es eine Gewichtsverlagerung vom rechten auf das linke Bein.

Ich beginne also vor der rechten Hüfte, gehe dann mit beiden Händen vor dem Bauch nach links und dann bei »ku*tami*« im großen Bogen vor dem Leib von links nach rechts.

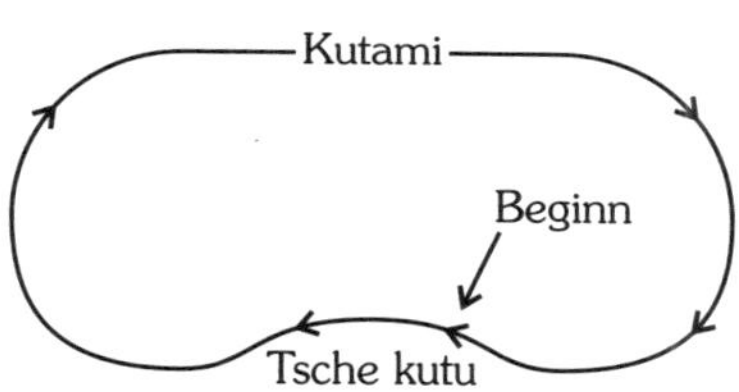

Die Figur endet rechts im halben Kreis auf »ku*ta*« (siehe Pfeil <–<). Dann wird der Fuß wieder nach innen gestellt. Der deutsche Text schließt sich an. Das ist das Signal, daß jetzt, etwa in Brusthöhe, ein Kreis vor dem Körper gezeichnet wird. Das Becken schwingt entsprechend mit. Bei »langsam rund« bewegen sich die Hände auf den Leib zu und an ihm vorbei, dann gehen sie im Kreis nach außen, bei »schwer« und »Tag« sind sie dann jeweils ganz außen und wandern dann wieder kreisförmig nach innen.

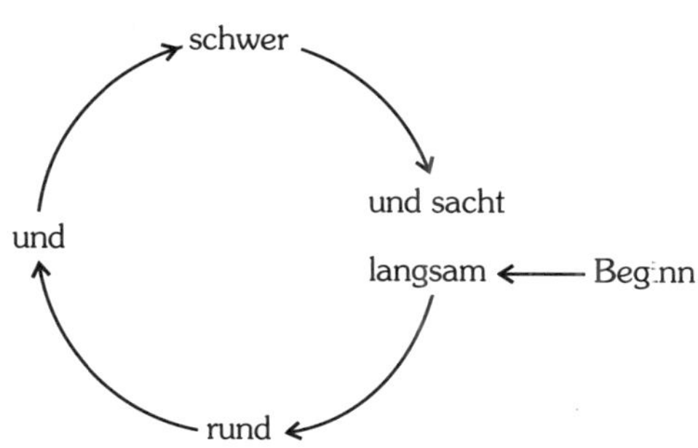

Nach Ende des deutschen Textes wird die erste Figur der zweiten Strophe von Anfang an wiederholt.

3. Strophe

Jetzt drehe ich den rechten Fuß nach rechts außen und gehe mit dem Oberkörper mit. Ich hebe den rechten Unterarm vors Gesicht und den linken in Bauchhöhe darunter – so, als wollte ich einen Ball fangen. Dann drehe ich mich langsam wieder zur Mitte und nach links, nehme auch den rechten Fuß mit und lasse den linken Fuß nach außen zeigen.
Dabei lasse ich in drei Abschnitten die Hände und Arme in der beschriebenen Haltung umeinander kreisen, so daß ich, links angekommen, wieder in Ballfängerhaltung dastehe:
Meine rechte Hand kreist also von oben nach innen und unten, die linke hebt sich nach außen, wandert nach vorn und innen hoch. Die linke sinkt, die rechte Hand hebt sich jetzt vor meinem Leib. Dann geht die Rechte nach unten und die Linke hebt sich. Und jetzt bin ich auf der linken Seite in der Position, in der ich den Ball fangen kann. Dann erfolgt die rückläufige Bewegung mit den entsprechenden Innendrehungen.
Ich kann diese Bewegung (gerade auch für Kinder) vereinfachen, indem ich mit den Händen nur einmal abwechsle, sie also bei der Drehung in diagonalen Linien nach unten bzw. oben führe: Während der Drehung wandert die rechte Hand, die den Ball auf der rechten Seite von oben greift, in einer abfallenden Linie nach unten, so daß sie den Ball dann links von unten greift. Die Linke macht während der Drehung eine entsprechende Aufwärtsbewegung. Auf »rrrum« sollte jeweils der Ball gefangen werden, auch bei der vereinfachten Bewegung.

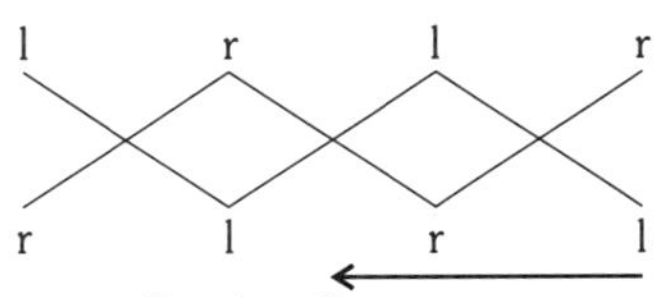

3-teilige Bewegung

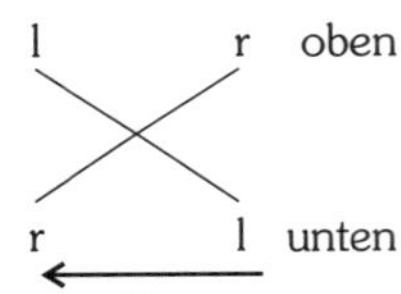

einfache Bewegung

(Bewegungen von rechts nach links)

r = rechte Hand
l = linke Hand

4. Strophe

Die Arme werden locker nach oben gestreckt und ziehen gemeinsam eine Kreislinie vor dem Körper. Mit dem Oberkörper folgen wir den Armen, wenn sie zur linken Seite kreisen. Kreisen sie nach unten, gehen wir leicht in die Knie und beugen den Oberkörper vor, so daß sich die Hände dicht über der Erde bewegen. Die Augen folgen dabei den Händen. Der ganze Mensch ist beteiligt. Da, wo der deutsche Text beginnt, ändert sich die Drehrichtung (Kreisen zur rechten Seite). Ich kann auch hier mehr in die Knie gehen und so die Bewegung intensiver machen. Arme und Hände werden locker gehalten, so daß sie gut schwingen können.

Das Spiel mit dem Zauberball

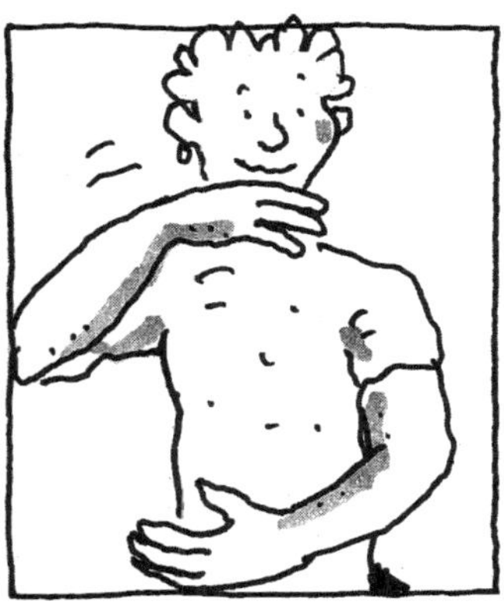

Der Zauberball ist unsichtbar. Er ist leicht und durchsichtig, aber etwas schwerer als Luft. Der Zauberball bildet sich aus der Wärme meiner Hände. Meine Handflächen wirken aufeinander ein. Ich kann es spüren, wenn ich sie etwas länger voreinander halte .... Meine Hände dürfen nur eine Weile still voreinander stehen, dann gehen sie langsam den Rundungen des Zauberballs nach, nach oben, nach unten, nach rechts und links, so daß ich allmählich mit der Innenseite meiner Hände die ganze Oberfläche des Zauberballs berühre .... Ich muß behutsam mit ihm umgehen, er könnte sonst platzen wie eine Seifenblase. Er hat auch etwas, das erinnert an eine bunte Seifenblase oder an eine Zauberkugel, in der eine eigene Kraft steckt. Der Zauberball will in meinen Händen nach oben schweben, vor mein Gesicht und über meinen Kopf .... Er will sich in kleinen und großen Kreisen vor meinem Körper drehen, sich in Spiralen, Schleifen und sanften Biegungen auf und ab bewegen ... Mal entfernt er sich von meinem Körper, mal kommt er wieder näher ...
Jetzt kann ich ihn auch balancieren ... auf der Hand, auf einem Finger über meinem Kopf .... Ich werfe ihn hoch, lasse ihn nach oben schweben, fange ihn wieder auf .... Jetzt werfe ich ihn zum letzten Mal ganz hoch .... Er steigt in die Wolken und kommt nicht zurück. Aus den Wolken steigt mein Zauberball und ist zum Mond geworden, zum großen, runden, hell und sanft leuchtenden Mond. Dort oben segelt er davon, und hier unten stehe ich und spüre immer noch die Wärme in meinen Händen ...

Tanzlied aus Tu-tzing

2. Die Sonne macht die Erde hell –
   wacht auf es ist schon spät.
   Der gold'ne Hahn auf einem Bein
   im Morgenlichte steht.

R.:Tu tzing …

3. Die Sonne macht die Erde hell –
   sie scheint noch gar nicht lange
   und in der Wüste wacht sie auf
   die jadegrüne Schlange.

R.:Tu tzing …

4. Die Sonne macht die Erde hell
   und scheint auf grüne Hügel.
   Der Adler fliegt durch's Himmelsblau
   mit weitgespannten Flügeln.

R.:Tu tzing …

5. Die Sonne macht die Erde hell
   und scheint auf grüne Hügel.
   Ich mache mir den Himmel auf –
   es ist als hätt' ich Flügel.

R.:Tu tzing …

Bewegungsanleitung – Bewegungsfiguren

Dieses Lied entstand im Sommer 1993 in Bayern ... in Tutzing, während eines Poesie-Seminars. Am Abschlußabend wurde es von Kindern, Jugendlichen und Erwachsenen getanzt und gesungen.

Die stets gleichbleibende Eingangsfigur (»Die Sonne macht die Erde hell / und scheint auf grüne Hügel«) wurde von der *ganzen* Gruppe in Bewegung umgesetzt. Die Gruppe steht im Halbkreis, und die einzelnen Tierfiguren werden jeweils von einem Gruppenmitglied übernommen. Die Figuren können aber auch von allen gleichzeitig gemacht werden.

a) *Eingangsfigur:* Ich stehe in den Knien locker da. Die Füße sind schulterbreit voneinander gesetzt. Die Arme steigen vor dem Körper parallel in die Höhe, bis die Hände ihren höchsten Stand erreicht haben, dann sinken die Arme jeweils nach außen im Halbkreis herab, und die Hände wandern in einer leichten Auf- und Abschwingung (Andeutung der »Hügel«) aufeinander zu. Dies geschieht ungefähr in der Körpermitte.
Die Hände steigen also zunächst am Himmel empor wie die Sonne. Am schönsten ist es, wenn man diese Übung im Freien macht und die Hände auch wirklich in einen weiten, freien Himmelsraum steigen können.

Die nachfolgenden Tierfiguren kann ich für Kinder vereinfachen: Der Kranich z.B. kann dann auf beiden Beinen stehen bleiben, und beim goldenen Hahn wird die Figur der »Peitsche« weggelassen und nur die Figur des Hahns gemacht. Die restlichen Figuren bereiten Kindern in der Regel weniger Schwierigkeiten.

b) *Der Kranich:* Auf der Wiese tanzt der Kranich, öffnet seine Flügel ...
Er verlagert sein ganzes Gewicht auf das rechte Bein. Das linke wird locker und angewinkelt nach oben gezogen; genauer gesagt, die Arme, die ebenfalls nach oben wandern, ziehen das Bein empor. Die Handflächen sind dem Gesicht zugewendet; die Arme gehen nach oben und öffnen sich. Die Handflächen werden nach außen gedreht. Die Arme gleiten auseinander und sinken in einer großen Kreisbewegung hinab. Wenn sie fast unten sind, verbinde ich eine schwungholende Flugbewegung der Arme mit einem Federn im rechten

Knie und setze mit dem Schwung dann das linke Bein einen Schritt (leicht nach links außen versetzt) nach vorne. Das Aufsetzen ist zugleich der Abschluß dieser kleinen Flugbewegung ...
Die direkt nachfolgenden analogen Bewegungen wenden sich dann der rechten Seite zu: Die Arme schwingen im Halbkreis nach unten. Das Gewicht verlagert sich ganz auf den linken Fuß, und das rechte Bein hebt sich zusammen mit den angewinkelten Armen empor. Die Innenflächen meiner Hände zeigen auf mein Gesicht. Auf diese Weise kann die Kranichfigur links und rechts auspendeln, da Vorwärtsbewegungen getanzt werden. Wenn ich auf einem Bein stehe, kann ich die neue Richtung links bzw. rechts schon anvisieren und meinen Oberkörper dieser Richtung zuwenden. So bewege ich mich in einer langsam getanzten Zickzackbewegung vorwärts. Dabei ist darauf zu achten, daß mein ganzes Gewicht in das linke bzw. rechte Bein fließt – an die Erde weitergegeben und nicht im Körper festgehalten wird.
Zu entsprechender Musik kann man diese Figur auch als freie Tanzfigur variieren. Zum Abschluß jeder Tierfigur mache ich im Stehen kleine nach außen gerichtete Kreise mit den Händen – als Abrundung und als Überleitung zur nächsten Figur.

c) *Goldener Hahn:* Der gold'ne Hahn auf einem Bein im Morgenlichte steht ...
(→ eingeleitet durch die Figur der »Peitsche«)
Ich mache einen Ausfallschritt nach links, so daß die Füße knapp doppelt schulterbreit voneinander stehen. Der linke Fuß ist nach außen gewinkelt. Der linke Arm bewegt sich – wie der Oberkörper! – zur gleichen Zeit wie der Fuß nach links. Der Arm wird leicht angewinkelt nach vorn gestreckt. Die Finger sind nach oben gestreckt, die Handinnenfläche zeigt nach außen (Wegschieben; abweisende Geste). Mit dem Ausfallschritt verlagere ich das Gewicht in das linke Bein, federe bzw. knicke im Knie ein, so daß ich mich weiter nach vorn bewege. (Deshalb den nächsten Ausfallschritt nicht zu groß machen!) Der rechte Arm wird in Schulterhöhe und locker angewinkelt nach hinten gestreckt. Die rechte Hand hängt locker nach unten. Die Fingerspitzen von Zeigefinger und Daumen berühren sich. Das ist die Figur der »Peitsche«.

Dann verlagere ich langsam das Gewicht auf das rechte Bein und führe die linke Hand (die Handfläche drehe ich zu mir) im Kreis zurück, und zwar von hoch oben am Körper entlang, den ich zusammen mit der linken Hand zu einer galanten Verneigung beuge. Die linke Hand erreicht dabei fast den Boden, die rechte bleibt zunächst nach hinten gestreckt. Während der Kreisbewegung der linken Hand stütze ich den linken Fuß auf die Ferse auf, so daß ich mit dem rechten Fuß der Bewegung der linken Hand folgen kann. Wenn die linke Hand vorn wieder hochsteigt, wird das Gewicht wieder langsam in den linken Fuß verlagert, und damit auch der Schwerpunkt.

Jetzt können sich das rechte Bein und der rechte Arm nach vorne bewegen: Mit dem rechten, jetzt angewinkelten Bein hebt sich auch der Arm empor, als würde er vom Oberschenkel nach oben gezogen. Die Finger zeigen nach oben, die Handinnenfläche nach links. Jetzt habe ich die Stellung »Der goldene Hahn steht auf einem Bein« erreicht. Dabei brauche ich den linken Arm zum Ausbalancieren. Das Gewicht muß fließend, ruhig und vollständig auf das linke Bein verlagert sein. Sonst bekomme ich Gleichgewichtsschwierigkeiten. Nun schwinge ich mit dem rechten Arm und dem rechten Bein wieder zurück in die Ausgangsstellung (linke Hand vor dem Körper – abweisende Gebärde; rechter Arm angewinkelt nach hinten gestreckt, Zeigefinger berührt den Daumen). Von hier aus kann ich dann die ganze Figur – wie beschrieben – wiederholen.

Die zweite Phase, den »Goldenen Hahn«, kann man auch im Gehen üben und dann beim Heben rechts und links abwechseln. Wenn ich jeweils die Stellung »Goldener Hahn« erreicht habe, senkt sich der Ellenbogen leicht, und das tragende Knie wird weich. Ich sinke etwas in meinen Unterleib und komme so in einen Schwebezustand. Die ganze Bewegung mache ich langsam und fließend. Es hilft, wenn ich mir dabei vorstelle, daß die Bewegung vom Raum rundherum mitgetragen wird, daß Arme und Beine auch von der Luft bzw. der Atmosphäre um mich herum nach oben getragen werden. So bleibe ich am besten in einem fließenden Gleichgewicht.

d) *Die Schlange:* Und in der Wüste taucht sie auf, die jadegrüne Schlange ...
Durch die folgende Armbewegung entsteht die Figur einer schräg vor meinem Oberkörper liegenden Acht: Ich stehe breitbeinig (mehr als schulterbreit) da und gehe in die Knie. Die Hände schwingen nun parallel nach links zur Seite, senken sich mit den Handflächen nach unten, schwingen mit den Handflächen nach außen in die Höhe. Dann schwingen sie wieder zur Mitte und nach unten zurück, und von da aus wieder nach oben und zur Mitte zurück. Bei der Bewegung nach links bzw. rechts außen wird jeweils der linke bzw. der rechte Arm lang gemacht, bevor die Hände wieder zur Mitte schwingen. Die Hände führen die Bewegung an. Sie sind sozusagen der Kopf der Schlange.

Der Oberkörper bewegt sich mit den Armen mit. Das Gewicht wird nach rechts und links verlagert. Mit der Abwärtsbewegung gehe ich auch rechts und links deutlich in die Knie und mit der Aufwärtsbewegung entsprechend in die Höhe. Der Oberkörper ist während der ganzen Bewegung leicht vorgeneigt.

Die Schlangenbewegung kann ich im Schwingen variieren, selbst mit dem ganzen Körper zur Schlange werden und dabei in kleinen Schritten nach außen gehen, so daß insgesamt noch mehr Bewegung in die Figur kommt. Die Schlange kann sich auch nach hinten schlängeln, dann wieder flächig vor mir auf dem Boden und danach hoch in die Luft ... Die Schlange kann auch zischen und durch dieses Geräusch die Bewegung unterstützen.

Wenn ein Kind die Schlange spielt, kann sie auch auf dem Boden liegend erwachen und sich dann emporschlängeln.

e) *Der Adler:* Der Adler fliegt durchs Himmelsblau mit weit gespannten Flügeln ...
Der Adler breitet seine mächtigen Flügel aus: Ich wende den Oberkörper so, daß er nach links und rechts schwebt, gehe mit dem jeweiligen Bein ins Knie, um größeren Schwung in die Bewegung zu bekommen.

Der Adler kreist nach links mit ausgebreiteten Flügeln. Er kreist zur Mitte zurück und nach rechts. Kreist er nach links, wende ich mich mit dem ganzen Oberkörper mit den stets zur Linie ausgestreckten Armen und Schultern nach links, gehe links mit ins Knie, verlagere mein ganzes Gewicht nach links, so daß nur noch die Zehenspitzen des rechten Fußes den Boden berühren, und ich kann ihn dann auch locker in die neue Richtung stellen, wenn ich nach rechts ausschwinge und die gerade ausgestreckten Arme mitschwingen lasse. Die Innenflächen der Hände sind leicht nach oben gezogen.
Ich muß also darauf achten, daß Arme und Schultern eine Linie bilden und nicht ein Arm bzw. Flügel herabhängt, so daß der Adler nicht mehr kreisen kann! Auch darauf achten, daß der Adler seine Flügel – bzw. wir unsere Arme – ohne allzugroße Anstrengung ausbreiten. Sonst würde der Adler nach einigen Runden vom Himmel fallen. Es ist die Luft, die den Adler trägt, und nicht allein seine eigene Kraft.

Die leichten Flugbewegungen – von oben rechts und links außen schwingen wir nach innen – werden nicht nur durch die Arme ermöglicht, sondern durch wiegende Bewegungen des Beckens. Der Blick ist nach vorn gerichtet.

f) *Den Himmel öffnen und davonfliegen:* Ich mache mir den Himmel auf, mir ist als hätt' ich Flügel ...
Die Arme wandern vor dem Körper nach oben. Die Innenflächen der Hände wenden sich dem Himmel zu und bewegen sich dann von ihrem höchsten Punkt aus nach links und rechts außen, so, als würden sie die Wolken zerteilen und den Blick in den hohen Himmelsraum freimachen. Die Arme sinken dann im Bogen nach außen und unten.
Zu Beginn des letzten Refrains heben sich die Arme gleich wieder zu einer Flugbewegung. Die Füße stehen schulterbreit nebeneinander. Wenn ich die Arme zur

Flugbewegung hebe, gehe ich gleichzeitig in die Knie. Die Hände sind beweglich und unterstützen die Flugbewegung. Bei »Tu« gehe ich also in die Knie und hebe die Arme (einatmen), bei »tzing« gehe ich mit den Armen nach unten, während sich die Knie und mein ganzer Körper nach oben strecken bzw. nach oben getragen werden. Der ausströmende Atem gibt der Bewegung meines Körpers nach oben Auftrieb. Atem- und Körperbewegung sind hier besonders eng miteinander verbunden.

Die Figur wird mehrere Male wiederholt.

Sie läßt sich außerhalb des Liedes gut als Bewegungs- bzw. Atemübung machen.

»Anne Kaffeekanne«

Fredrik Vahles erfolgreiches Liederbuch lädt zu einer musikalisch-literarischen Entdeckungsreise ein.

Neben den bekanntesten und schönsten Liedern des Autors, etwa dem »Katzentatzentanz«, »Anne Kaffeekanne« und dem »Pinguin-Lied«, finden sich Vertonungen von für die heutige Kinderlyrik so wichtigen Autoren wie Christian Morgenstern und Bertolt Brecht, aber auch Kinderlieder aus anderen Ländern und Lieder so berühmter Komponisten wie Mikis Theodorakis. Spielanleitungen, Unterrichtsvorschläge und kurze Texte zur Theorie von Kinderlied und Kindersprache ergänzen diese Sammlung, die LehrerInnen und Eltern wertvolle Tipps und Anregungen für das gemeinsame Singen und Spielen mit ihren Kindern gibt.

»Eine interessante und empfehlenswerte Sammlung für alle, die auf der Suche nach neuen Kinderliedern sind.« Pädagogische Welt

Fredrik Vahle
Das große Vahle-Liederbuch
Lieder und Texte, die Kindern Spaß machen
Beltz Taschenbuch 70
268 Seiten
ISBN 978-3-407-22070-7

BELTZ
Taschenbuch

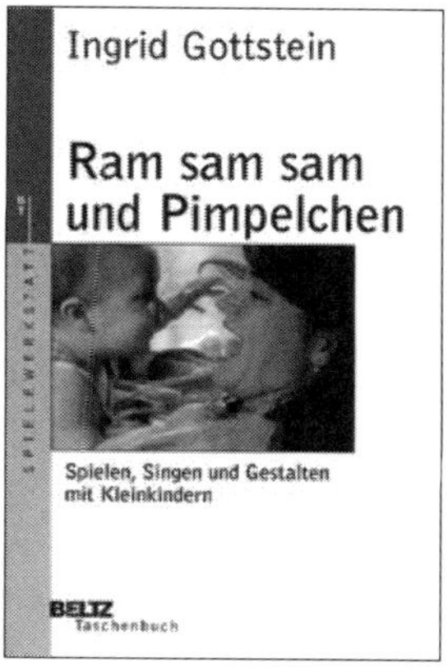
Ingrid Gottstein
Ram sam sam und Pimpelchen
SPIELWERKSTATT
Spielen, Singen und Gestalten mit Kleinkindern
BELTZ
Taschenbuch